泉城文庫

尚書大傳

傳世典籍叢書

〔漢〕伏　勝／撰
〔漢〕鄭　玄／注
〔清〕陳壽祺／輯校

濟南出版社

圖書在版編目（CIP）數據

尚書大傳 /（漢）伏勝撰；（漢）鄭玄注；（清）陳壽祺輯校. -- 濟南：濟南出版社，2024. 7. --（傳世典籍叢書）. -- ISBN 978-7-5488-6586-5

Ⅰ. K221.04

中國國家版本館 CIP 數據核字第 2024H48E96 號

尚書大傳

SHANGSHU DAZHUAN

〔漢〕伏　勝 / 撰
〔漢〕鄭　玄 / 注
〔清〕陳壽祺 / 輯校

出 版 人　謝金嶺
出版統籌　葛　生　張君亮
責任編輯　趙志堅　李文文
裝幀設計　戴梅海

出版發行　濟南出版社
地　　址　濟南市二環南路一號（250002）
總 編 室　0531-86131715
印　　刷　山東黄氏印務有限公司
版　　次　2024 年 7 月第 1 版
印　　次　2024 年 7 月第 1 次印刷
開　　本　160mm × 230mm　16 開
印　　張　16.5
書　　號　ISBN 978-7-5488-6586-5
定　　價　66.00 元

如有印裝質量問題 請與出版社出版部聯繫調換
電話：0531-86131736

《尚書大傳》出版説明

爲深入學習貫徹黨的二十大精神，認真落實習近平總書記關于推動中華優秀傳統文化創造性轉化、創新性發展的重要指示要求，貫徹落實濟南市委「强省會」戰略及全面提升城市軟實力、推動文化「兩創」工作的要求，濟南出版社推出濟南文脉整理與研究工程《泉城文庫》。《傳世典籍叢書》是《泉城文庫》之一種，包含歷史上有重大影響力的濟南先賢著述以及其他地區人士撰寫的有關濟南的重要著作，有着較高的學術研究價值，對我們傳承傳統文化、樹立文化自信具有重要的意義。

《尚書大傳》三卷，題「漢伏勝撰，鄭康成注；福州陳壽祺輯校」，清同治十二年粤東書局刻《古經解彙函》本。前冠《尚書大傳定本序》及《尚書大傳序録》，後附《尚書大傳辨訛》，俱清人陳壽祺所撰。按：勝字子賤，濟南人，秦博士，漢孝文時年且百歲，傳《尚書》之學。《史記》《漢書》但稱「伏生」，不云名「勝」；《後漢書·伏湛傳》稱「九世祖勝，字子賤，所謂濟南伏生者也」。《漢書·藝文志》「書類」載「經二十九卷」「傳四十一篇」，《隋書·經籍志》載「《尚書》三卷，鄭玄注」，俱無「伏勝」字。陸德明《經典釋文》稱《尚書大傳》三卷，伏生作。《晋書·五行志》稱漢文帝時伏生創紀《大傳》。《玉海》載《中興館閣書目》引鄭玄《尚書大傳序》曰：「蓋自伏生也。伏生爲秦博士，至孝文時年且百歲。張生、歐陽生從其學而受之，音聲猶有訛誤，先後猶有差舛，重以篆隸之殊，不能無失。

生終後，數子各論所聞，以己意彌縫其闕，別作章句；又特撰大義，因經屬指，名之曰《傳》。劉子政校書，得而上之，凡四十一篇。至玄，始詮次爲八十三篇』云云。故《四庫全書總目》云：『然則此《傳》乃張生、歐陽生所述，特源出于勝爾，非勝自撰也。』其書《唐書·藝文志》《崇文總目》《郡齋讀書志》并著録三卷，《直齋書録解題》則作四卷。葉夢得、晁公武皆言今本首尾不倫，陳振孫言印板刓闕。蓋其書宋世已無完本，迄明遂亡，晁氏諸家所見，疑即當時好古者捃摭成編，非其原本也。今所傳者，皆清人雜采諸書所引，裒輯成編。如《四庫全書》所收孫之騄本，及《總目》所云『杭州三卷之本』『揚州四卷之本』，各附《補遺》一卷；又有任兆麟選輯《述記》本一卷，王謨輯《漢魏遺書抄》本二卷，王仁俊輯《經籍佚文》本（作《尚書大傳佚文》）一卷、《補遺》一卷等；至于孔廣林、黄奭各有《尚書大傳注》，則所輯重在鄭注，粗疏脱漏，不足以楬伏氏之學也。此陳壽祺所輯，詳核勝于諸本。卷一爲《唐傳》《虞傳》《虞夏傳》《夏傳》《殷傳》，卷二爲《周傳》，卷三爲《略説》。其《序録》一卷，輯録歷來伏氏史料，及《建立伏博士始末》《重修伏生祠記》諸文，足具考獻之資。所附《辨訛》一卷，則專訂雅雨堂本之失也。後之研究伏氏之學者，以皮錫瑞《尚書大傳疏證》最爲精審，其所據即此本，是陳氏纂注集腋之功不可没也。

濟南出版社

二〇二四年七月

目録

古經解彙函　第十三

尚書大傳

閩縣陳氏定本

今再編定

尚書大傳定本序

尚書大傳四十一篇見漢書藝文志鄭康成序謂出自伏生至康成詮次爲八十三篇隋書經籍志唐書藝文志崇文總目郡齋讀書志並著錄三卷唐志別出暢訓一卷疑即略說之譌舊唐志直云尚書暢訓三卷伏勝注繆甚自葉夢得晁公武皆言今本首尾不倫直齋書錄解題言印板刓闕宋世已無完本迄明遂亡近人編輯有仁和孫晴川本德州盧雅雨本曲阜孔叢伯本孫盧本多殽舛孔氏善矣而分篇强復漢志之舊非也其他譌漏猶不免焉今覆加稽覈楬所據依稍參愚管而

爲之案三卷首爲序錄一卷其所芟除別爲訂誤一卷末載漢書五行志綴以它書所引劉氏五行傳論三卷總爲八卷序曰伏生以明經爲秦博士漢孝文時年且百歲計其生在周末得見詩書古文且博識先秦舊書雅記多漢諸儒所未聞遭時燔災明哲退隱嬴祚既顛守道不出初抱百篇藏之山中漢興亡失求得二十九篇而九共帝告嘉禾揜誥槩命諸闕篇猶能言其作意述其佚句文帝命掌故晁錯從受尚書而伏生亦自以二十九篇授張生歐陽生敎於齊魯之閒迄武宣世有歐陽大小夏侯氏立學官是爲今尚書孔安國晚得壁

中古文多逸書十六篇顧絕無師說終漢之世獨傳二十九篇而已何則二十九篇今文具存文字異者不過數百其餘與古文大恉略均足相推校逸十六篇既無今文可攷遂莫能盡通其義凡古文易書詩禮論語孝經所以傳悉由今文爲之先驅今文所無輒廢古春秋左氏傳賴張蒼先修其業故傳禮古經五十六卷傳士禮十七篇與后蒼同而三十九篇逸禮竟廢書亦猶是也向微伏生則唐虞三代典謨誥命之經煙銷灰滅萬古長夜夫天爲斯文篤生名德期頤之壽以昌大道豈偶然哉尚書今學精或不逮古文然亦各守師法賈逵

以爲俗儒康成以爲嫉此蔽冒不悛迺謂當時博士未
師破碎章句之過而伏生大傳條撰大義因經屬恉其
文辭爾雅深厚最近大小戴記七十子之徒所說非漢
諸儒傳訓之所能及也康成百世儒宗獨注大傳其釋
三禮每援引之及注古文尚書洪範五事康誥孟侯文
王伐崇伐耆之歲周公克殷踐奄之年咸據大傳以明
事豈非閎識博通信舊聞者哉且夫伏生之學尤善於
禮其言巡狩朝覲郊尸迎日廟祭族燕門塾學校養老
擇射貢士考績郊遂采地房堂路寢之制后夫人入御
太子迎問諸侯之法三正之統五服之色七始之素八

伯之樂皆唐虞三代遺文往往六經所不備諸子百家所不詳漢始定天下庶事艸剏獨一叔孫通略定制度雜以秦儀若迺正朔服色郊望宗廟之事數世猶未章焉假令當高帝時伏生年未篤老尊其高第安車禮徵與張蒼等考舊章立經制議禮樂則魯兩生息面訣違古之誚絳灌諸臣泯年少紛更之譏規橅粗定然後繼以賈誼董仲舒河間獻王王吉劉向之倫先後討論法象明備成康之治何必不復見西京今其書散佚十無四五猶可寶重宋朱子與勉齋黃氏纂儀禮經傳通解攟摭大傳獨詳蓋有裨禮學不虛也五行傳者自夏侯

始昌至劉氏父子傳之皆善推禍福著天人之應漢儒治經莫不明象數陰陽以窮極性命故易有孟京卦氣之候詩有翼奉五際之要春秋有公羊災異之條書有夏侯劉氏許商李尋洪範之論班固本大傳摭仲舒別向歆以傳春秋告往知來王事之表不可廢也是以錄漢書五行志附於後以備一家之學云東越陳壽祺

尚書大傳序錄

古經解彙函之十三

福州陳壽祺撰

史記儒林傳言尚書自濟南伏生漢書儒林傳漢興言書自濟南伏生伏生者裴駰集解張晏曰伏生名勝伏氏碑云○案曰漢書儒林傳注引張晏曰名勝伏生碑云史記索隱曰案張華云名勝漢紀云字子賤華當爲晏字之誤濟南人也故爲秦博士孝文帝時欲求能治尚書者天下無有乃聞伏生能治欲召之是時伏生年九十餘矣不能行於是乃詔太常使掌故朝錯往受之秦時焚書伏生壁藏之其後兵大起流亡漢定伏生求其書亡數十篇獨得二十九篇卽以教於齊魯之間學者由是頗能言尚書諸山東大師無不

涉尚書以教矣伏生教濟南張生及歐陽生歐陽生教千乘兒寬兒寬既通尚書以文學應郡舉詣博士受業受業孔安國　張生亦爲博士而伏生孫以治尚書徵不能明也自此之後魯周霸孔安國雒陽賈嘉頗能言尚書事漢書儒林傳同

漢書藝文志尚書經二十九卷本注大小夏侯二家歐陽經三十二卷師古曰此二十九卷伏生傳授者○案漢志三字舊亦作二誤今據玉海所引改

傳四十一篇　歐陽章句三十一卷　大小夏侯解故二十九篇　歐陽說義二篇　劉向五行傳記十一卷

許商五行傳記一篇

易曰河出圖雒出書聖人則之故書之所起遠矣至孔子篹焉上斷於堯下訖於秦凡百篇而爲之序言其作意秦燔書禁學濟南伏生獨壁藏之漢興亡失求得二十九篇以教齊魯之間訖孝宣世有大小夏侯氏立於學官　劉向以中古文校歐陽大小夏侯三家經文酒誥脫簡一召誥脫簡二率簡二十五字者脫亦二十五字簡二十二字者脫亦二十二字文字異者七百有餘脫字數十

漢書儒林傳顏師古注引衞宏定古文官書序云案日官舊

作尚近金壇段若膺始據韓昌黎集正其誤今从之伏生老不能正言言不可曉也使其女傳言教錯齊人語多與潁川異錯所不知者凡十二三略以其意屬讀而已

儒林傳贊曰自武帝立五經博士開弟子員設科射策勸以官祿訖於元始百有餘年傳業者寖盛支葉蕃滋一經說至百餘萬言案曰儒林傳言信都秦恭延君增師法至百萬言桓譚新論亦云大師衆至千餘人蓋祿利之路然也初書唯有歐陽至孝宣世復立大小夏侯尚書

後漢書伏湛傳九世祖勝字子賤所謂濟南伏生者也初自伏生已後世傳經學淸靜無競故東州號爲伏

不闕云

顏氏家訓書證篇曰孔子弟子虙子賤爲單父宰卽虙羲之後俗字亦爲宓或復加山今兖州永昌郡城舊單父地也東門有子賤碑漢世所立乃云濟南伏生卽子賤之後是虙之與伏古來通字誤以爲宓較可知矣

棻曰伏生旣爲虙子賤之後不應與其遠祖同字而史記索隱引漢紀以爲伏生字子賤恐卽因漢碑而展轉致誤漢碑固不誤也今漢紀無此文不知小司馬何據然范蔚宗後漢書實云伏生名勝字子賤其名則是其字則非也湖本史記載索隱引漢紀作紀年引張晏作張華皆誤

尚書正義按伏生所傳三十四篇謂之今文則夏侯勝夏侯建歐陽和伯三家所傳及蔡邕所勒石經是也

隋志三家並立而歐陽是盛晉永嘉之亂歐陽大小夏侯尙書並亡

史記正義引七錄云三家至西晉並亡

梅賾本尙書序伏生口以傳授裁二十餘篇伏生以舜典合於堯典益稷合於皋陶謨盤庚三篇合爲一康王之誥合於顧命　經典釋文曰卽馬鄭所注二十九篇

案曰二十九篇古文分合皆與伏生本同惟顧命一篇馬分王出在應門以下爲康王之誥耳今之舜典古文今文皆合於堯典今之益稷古文今文皆合於皋陶謨蓋百篇固別有舜典益稷古文益稷作棄稷而漢世求之不得僞孔乃于堯典皋謨各謬析爲二篇也

漢書五行志董仲舒治公羊春秋始推陰陽爲儒者宗

宣元之後劉向治穀梁春秋數其禍福傳以洪範與仲
舒錯至向子歆治左氏傳其春秋意已乖矣言五行傳
又頗不同　孝武時夏侯始昌通五經善推五行傳以
傳族子夏侯勝下及許商皆以教所賢弟子其傳與劉
向同唯劉歆傳獨異

漢書楚元王傳成帝即位詔向領校中五經秘書向見
尚書洪範箕子爲武王陳五行陰陽休咎之應向乃集
合上古以來歷春秋六國至秦漢符瑞災異之記推迹
行事連傳禍福著其占驗比類相從各有條目凡十一
篇號曰洪範五行傳論奏之　贊曰劉氏洪範論發明

大傳著天人之應

漢書夏侯勝傳從始昌受尚書及洪範五行傳說灾異

會昭帝崩昌邑王嗣立數出勝當乘輿前諫曰天久陰而不雨臣下有謀上者陛下出欲何之王怒謂勝爲妖言縛以屬吏吏白大將軍霍光是時光與車騎將軍張安世謀欲廢昌邑王光讓安世以爲泄語安世實不言迺召問勝勝對言在洪範傳曰皇之不極厥罰常陰時則下人有伐上者惡察察言故云臣下有謀光安世大驚以此益重經術士

漢書李尋傳治尚書獨好洪範灾異

晉書五行志文帝時宓生創紀大傳其言五行庶徵備矣　班固據大傳采仲舒劉向劉歆著五行志

宋書五行志伏生刱紀大傳五行之體始詳

水經注卷五河水篇漯水又東逕漢徵君伏生墓南碑碣尚存以明經爲秦博士秦坑儒士伏生隱焉漢興敎於齊魯之閒撰五經尚書大傳文帝安車徵之年老不行乃使掌故歐陽生等受尚書於徵君號曰伏生者也

案曰伏生未嘗徧撰五經掌故受尚書者乃鼂錯非歐陽生水經注有誤

後漢書鄭玄傳凡玄所注周易尚書毛詩儀禮禮記論語孝經尚書大傳中候乾象厤又著天文七政論魯禮

禘祫議六藝論毛詩譜駁許愼五經異議答臨孝存周禮難凡百餘萬言

孝經序疏鄭志目錄記鄭之所注五經之外有中候大傳七政論乾象厤六藝論毛詩譜答臨碩難周禮許愼異義釋廢疾發墨守箴膏肓答甄守然等書

經典釋文序錄尙書大傳三卷伏生作

隋書經籍志尙書大傳三卷鄭玄注　大傳音三卷顧彪撰

尙書洪範五行傳論十一卷漢光祿大夫劉向注　伏生尙書傳四十一篇以授同郡張生張生授千乘歐陽生　濟南伏生之傳惟劉向父子所著五行傳是其本法而又

多乖戾

隋書五行志易以八卦定吉凶書以九疇論休咎春秋以災祥驗行事漢時有伏生董仲舒京房劉向之倫能言災異六經有足觀者

初學記伏生爲尚書傳四十一篇歐陽大小夏侯傳其學各有能名是曰今文尚書劉向五行傳蔡邕勒石經皆其本

舊唐書經籍志尚書暢訓三卷伏勝注案曰尚書大傳有略說一篇諸經義疏每引之隋志無大傳而有暢訓伏生無此書暢訓當爲略說形近之譌三卷當爲一卷此伏生所撰不可謂注舊志此條多謬新唐書亦然第新書列尚書大傳三卷又出暢訓一卷疑舊志尚有脫誤

洪範五行傳論十一卷劉向撰

唐書藝文志伏勝注大傳三卷暢訓一卷　劉向洪範五行傳論十一卷

册府元龜顧彪撰大傳音三卷

崇文總目尚書大傳三卷漢濟南伏勝撰後漢大司農鄭玄注伏生本秦博士以章句授諸儒故博引異言援經而申證云見文獻通考

中興書目鄭康成叙曰葢自伏生也伏生爲秦博士至孝文時年且百歲張生歐陽生從其學而授之音聲猶有譌誤先後猶有差舛重以篆隸之殊不能無失生終

後數子各論所聞以已意彌縫其闕別作章句又特撰大義因經屬指名之曰傳劉子政校書得而上之凡四十一篇至玄始詮次爲八十三篇見玉海卷三十七

郡齋讀書志尚書大傳三卷右秦伏生勝撰鄭康成注下與中興書目同今本四卷首尾不倫

直齋書錄解題尚書大傳凡八十有三篇當是其徒歐陽張生之徒雜記所聞然未必當時本書也印板刓闕合更求完善本

葉夢得曰自安國學行歐陽氏遂廢今世所見惟伏生大傳首尾不倫言不雅馴至以天地人四時爲七政以

金縢作於周公歿後何可盡據其流爲劉向五行傳夏侯氏災異之說失孔子本意益遠

遂初堂書目尚書類尚書大傳不注卷數

文獻通攷經籍攷尚書大傳三卷

通志藝文略伏生大傳三卷鄭氏注洪範五行傳論十一卷漢光祿大夫劉向五行傳記一篇漢許商

宋史藝文志伏勝大傳三卷鄭氏注

宋史李燾傳尚書大傳雜記一卷

孫退谷承澤庚子銷夏記唐王維伏生圖摩詰妙畫傳世者人止知有江干雪霽圖余曾一見之乃後人臨本

至人物之妙有非唐人所能及者伏生圖一老儒生伏几而坐手持一卷乃授經圖也宋高宗題簽云王維寫濟南伏生上用乾卦小圓璽卷舊在金陵黃琳家顧遴園客座贅譚載都元敬嘗在黃美之家見此圖驚嘆不置不知何年入故内今復傳出

劉體仁公戫七頌堂識小錄伏生圖席地憑几短鬚雜皮眞九十老人而眉目靜遠則大儒也宣和題王維寫伏生數字字極楷上用乾卦印背亦精絹裝

朱彝尊王維伏生圖跋右王維所畫伏生上有宋思陵題字庚戌十月觀于退谷孫侍郎齋生濟南人也寻遊

濟南于長白山之陰相生墓案曰水經注漯水又東逕漢徵君伏生墓南云云見其祠宇庳隘至不容筵几有司牲醪歲時之饗或闕焉不修世人無知重生者蓋經學之不明久矣思秦之時諸生訞言封禪致有坑儒之禍生爲秦博士得免其明哲有過人者及漢興隱士負一時之望莫若商山四皓初未聞講習經義傳之弟子則其年雖八十餘衣冠甚偉與土木何異生獨能於微言既絶之時教學齊魯老而益勤卒傳之晁錯斯文未喪天若有意于生而錫之年者百世之後宜師其人而識其貌焉維之所畫特想像爲之而已然埶事既神其精思所感必或見之觀

是圖者不問知其爲生此思陵所以寶惜而親題之也世之法書善畫多祕之內府人既未得觀間復流傳于世藏之者非其人則觀者亦取非其人此書畫之厄也是圖之得歸孫氏非至幸與

再題王維伏生圖是圖庚戌冬觀于北平孫侍郎墊室因跋其尾既而歸于棠邨梁相國今爲漫堂宋公所藏主雖三易不墮秦會之賈師憲嚴惟中之手濟南生亦幸矣按中興書目館閣續錄（按曰宋嘉定間人編次）維所畫濟南伏生圖曾歸祕閣儲藏故宋元以來題跋獨少宋公定爲眞蹟知孫梁二公賞鑒略同也（案曰宣和畫譜王維寫濟南伏生像亦見）

淸河書
畫舫

建立伏博士始末　載陽湖孫氏平津館叢書

嘉慶元年十二月十一日署按察使司孫咨山東學院
曹爲咨呈事本司查
國家擇先聖賢之後置五經博士授以世職所以崇儒
重道與禮優渥其制仿自明景泰時歷代增置至我
朝修明祀典自孔門十哲上溯周公旁及關裔下至宋
儒皆爲置立五經博士至周至備考列朝五經博士之
設或以制禮作樂或以身通六藝或以闡揚道統惟漢
代諸儒承秦絕學之後傳授經文經義去古不遠皆親

得七十子之傳若伏生鄭康成其功在經學絶續之際較七十子爲難又迴在唐宋諸儒之上今世祠墓子孫現在本屬鄒平高密之境允宜會同貴院將二賢學行

奏請

國家予以曠典以昭先賢傳道之報考尚書出於伏生壁藏又口授其義始有今文廿八篇顯於世及孔壁得古文書孔安國以今文讀之其無今文可證者凡十六篇竟不能讀又無能註者謂之逸書存于故府今之孔傳梅賾所上非孔壁古文朱文公疑之是漢無伏生則尚書不傳傳而無伏生亦不明其義卽古文書後出孔

壁無伏生之今文亦不能識讀是伏生一人爲唐虞三代微言道統之所寄今鄒平有伏氏諸城有宓氏皆其後也鄭康成爲東州大儒於易書詩禮論語孝經皆有傳註

欽定諸經義疏多引鄭注唐儒正義推闡其說宋儒章句沿襲其詞至乎三代禮儀服物典章周程張朱註解不出鄭註範圍亦或遜其精密故范史以孔書遂明稱之核其行事見于史傳亦無可議今其祠墓子孫現在高密前學院院會加修葺又爲設奉祀生或以前代置五經博士重在道統不知道存乎經統本于堯舜禹湯

文武伏生不傳尚書道何所存統何所遞東晉板蕩經師失傳諸經之義豈能臆說賴鄭康成集漢儒之大成經義無康成則淵源幾絶唐宋諸儒何由復傳道統幸值我
國家久道化成興廢繼絶伏生鄭康成祠墓子孫適在東省地方官自宜陳請增置五經博士以爲世職維學院有激揚風化之責事關崇奉先賢本司不便專政爲此咨呈貴院挈本司銜名具稿上聞並祈指正裁奪賜覆施行
嘉慶三年十二月初三日鄒平縣知縣李　詳濟南府

金　爲查明先賢嫡裔詳請承襲以隆祀典事卷查嘉慶二年正月初四日蒙本府票內開一件爲咨呈事嘉慶元年十二月十六日蒙學院曹牌開嘉慶元年十二月十一日據署臬司孫咨稱先儒伏生鄭康成宜陳請增置五經博士等情到院查五經博士承襲定例由藩司核議詳請撫部院具題咨部辦理茲據呈請增設事關題請應飭該地方官查明伏生鄭康成嫡裔開造事實清册妥議通詳等因到府合行轉飭又於嘉慶三年五月二十一日蒙本府憲票前事內開本年五月十二日蒙布政司票開前准臬司咨查先儒伏生後裔伏氏

係鄒平縣人增置五經博士以光祀典等因當經抄錄行查去後迄今日久未據詳覆合行飭催等因到縣蒙此遵卽差查去後嗣據卑縣伏生鄉伏中與同伏敬祖呈稱爲遵諭陳明懇恩轉詳事切身始祖名勝爲秦博士及漢文時口授傳今文尚書宋咸平三年追封乘氏伯居古濟南城東關今祠墓在鄒平城者十八里二世三世四世名諱無考至五世祖孺當漢武時客東武因家焉六世七世亦無考八世祖名理當代名儒受詩于匡衡九世祖名湛漢成時拜大司徒封陽都侯家藏宗圖二世三世四世以及六世七世闕名與漢書所載伏

氏世系適相符合實無從再爲確查闕文十世祖名翕
爲湛之子亦嗣陽都侯爵至十六世祖典當漢獻時國
除累世傳至元代有名伏步者當順帝末年青州府屬
縣兵荒特甚遷居鄒平北鄉載在家乘步係始祖四十
六世孫湛祖三十八世孫此回籍鄒平之始祖也又傳
至六十一世名永芳前任縣主程於康熙三十五年選
爲奉祀乾隆十一年前任縣主雷又選身父名紹先爲
奉祀均蒙賜給縣文可驗又傳至身爲始祖六十三世
孫身姪孫爲始祖六十五世孫現今蒙各憲飭查後裔
宜陳請增置五經博士身年已老邁不堪承襲身姪孫

敬祖年十歲現在從師肄業於嘉慶元年奉祀陪祭爲
始祖六十五世孫爲湛祖五十七世孫守墓祭奠歷經
數百年矣理合將遷徙回籍緣由懇請轉詳上憲
奏請授敬祖世襲五經博士以昭二千餘年曠典伏祈
恩准轉詳計粘呈宗圖一紙等情據此卑職會同儒學
覆查無異該鄒平縣知縣李瓊林查看得奉憲飭查先
儒伏生後裔請增置五經博士一案緣伏生名勝爲秦
博士及漢文時口授今文尚書至宋咸平時追封乘氏
伯居古濟南城東關今祠墓在卑職城北十八里伏生
鄉春秋官爲致祭伏生五世孫伏孺漢武時遷居東武

即今之青州府屬也載在漢書至元代有名伏步者係伏生四十六世孫當順帝末年值青屬兵荒遷居皐縣城北伏生鄉累世相傳至六十一世名永芳康熙年間前任程令選爲奉祀令其陪祭至乾隆十一年間前任雷令又選六十二世孫伏繼宗之兄伏紹先爲奉祀生均未詳給部照今紹先之子伏中興係伏生六十三世孫現在年老務農不能承襲惟查六十五世孫敬祖年甫十齡從師讀書克承儒業卑職伏思

國家崇儒重道凡先賢後裔咸增置五經博士以昭曠典今查先儒伏生自秦火之後口授尚書今文二十八

篇以顯於世是漢無伏生則尚書不傳傳而無伏生亦不明其義誠如前臬憲所咨伏生一人爲唐虞三代微言道統之所寄允宜選擇嫡裔早爲承襲以昭褒崇盛典今查伏敬祖是否係伏生嫡派長支長孫除宗圖之外別無考證惟查卑縣境内現在除伏繼宗伏中興伏敬祖三人並無伏姓其人則伏敬祖爲伏生嫡派似無疑義應請即令伏敬祖承襲五經博士以符

盛典緣奉飭議理合取具宗圖並地隣戶族甘結造具履歷清冊加具印結會同儒學具文詳請憲臺察核施行

嘉慶五年十二月初十日布政使司全詳巡撫部院惠
爲詳請增設五經博士以光祀典事嘉慶五年四月初
三日蒙前巡撫部院蔣批據鄒平縣先儒伏生增設五
經博士緣由蒙批查增設五經博士事關鉅典未便草
率據詳先儒伏氏祠墓子孫俱在該縣城北有無碑誌
書籍考證其祠堂建始何年現在作何修理墓道何所
會否設有奉祀生現在本支人數若干詳内均未查明
聲敘礙難核辦仰布政司轉飭詳細確切查明祠墓實
據取具世系宗譜圖說詳請察奪仍候學院批示繳等
因批司蒙此當經錄批轉飭詳查祠墓實據去後茲據

濟南府知府德生詳據鄒平縣知縣李璌林詳稱遵卽
覆查據卑縣伏生鄉伏繼宗呈稱緣身始祖名勝前爲
秦博士宋咸平二年追封乘氏伯爵配享
聖廟東廡墓在鄒平縣城北一十八里伏生鄉卽今縣
誌所載古濟南郡東關也其祠之創建年遠莫稽墓前
碑記至順二年重修禮部尚書張起巖撰文後歷元明
以及
國朝重修數次俱有縣誌碑文可考縣誌內載伏墓林
煙圖爲邑十六景之一又載墓有牆旁有祠祠旁有書
院爲朔望講學之所今墓與書院俱廢僅有墓址墓道

碑在鄒邑城東七里鋪東西大路北與墓南北對値相
隔十八里墓東南旁現有祠三間東西書樓二座祭庭
三間大門一座查漢書載伏生世系始祖名勝卽傳經
之伏生二世無名三世有記載無名四世無名五世名
孺武帝時客東武因家焉六世七世俱無名八世名理
當代大儒以詩授成帝至湛爲始祖九世孫光武徵拜
大司徒封陽都侯漢書與身家所傳譜系相合雖有闕
名實足信古而傳後且嘗考家乘圖說有始祖四十六
世孫名步爲身十七世祖當元朝末年自靑歸鄒世守
祠墓治祭陪祭已數百餘年至康熙三十五年前任縣

主程選身父名承芳爲奉祀名載重修碑記乾隆十二
年前任縣主雷又選身堂兄名紹先爲奉祀給縣印札
寶未領有部照紹先係現在詳請承襲五經博士伏敬
祖之曾祖也現今本支人數身爲始祖六十二世孫外
惟姪曾孫敬祖爲始祖六十五世孫身年七十六歲無
子嗣敬祖年十歲祖父皆没從師温習四書並熟易書
詩三經則爲秉氏伯嫡裔大宗堪充添設五經博士選
者止有敬祖一人身伏思傳經支葉閲二千餘年之久
僅存此一老一幼零丁孤獨如一線之未絶耳懇恩轉
詳計粘宗圖一紙等情據此卑職覆查無異擬合取具

宗圖具文詳請本府核轉等情到府卑府覆查無異擬
合將送到宗圖册結轉詳本使司核轉等情到司據此
該本使司查得先儒伏生爲有漢大儒口授尚書于秦
火之餘厥功甚鉅似宜遴擇嫡裔承襲博士以光祀典
茲據濟南府縣查明伏生六十五代孫伏敬祖克承儒
業堪膺充補五經博士之職取造册結宗圖前來理合
備由具文詳請憲臺察核施行
嘉慶七年正月十九日山東巡撫和疏題爲請詳增設
五經博士以光祀典事云云該臣看得先儒伏生爲有
漢大儒口授尚書於秦火之餘厥功甚鉅似宜遴擇嫡

請承襲博士以光祠典今據布政使吳俊詳稱據濟南府行據鄒平縣查明伏生六十五代孫伏敬祖克承儒業堪以充補五經博士之職取造册結宗圖墨搨碑文並伏生所載縣誌文記詳送到司擬合詳請會核具題等情呈詳前來臣覆查無異除册結宗圖墨搨文記送部外謹會同學政臣劉合詞具題伏祈

皇上睿鑒

勅部議覆施行謹會題請

旨

嘉慶七年四月初二日禮部疏題前事云云該臣等議

得自古先賢鉅儒博考經濟垂世立教或顯達未及其身斯旌揚宜歸於後茲據該撫疏稱先儒伏生六十五代孫伏敬祖請設爲五經博士等語臣等伏查伏勝爲秦博士秦時焚書六經幾至息傳漢孝文時求能治尚書者天下無有賴伏勝口授尚書於晁錯自是典謨誓誥之文藉以不墜其傳經之功甚鉅既據該撫查明伏勝祠墓碑記遺蹟尚存嫡派子孫世系可考似應添設世襲五經博士一員以廣酬庸之典以昭

崇文之治應如該撫所請伏勝六十五代孫伏敬祖立爲五經博士先行咨部註册俟伊年及十五以上給咨

送部考試驗其文理明順再行題請承襲咨吏部給劄
恭候
命下之日行文吏部並該撫查照辦理臣等未敢擅便
謹題請
旨本月初四日奉
旨依議欽此
嘉慶十年十二月十七日禮部疏題爲請
旨事准前任山東巡撫全保咨稱前准禮部議覆前任
山東巡撫和寧題請伏生後裔添設五經博士一疏内
開伏勝六十五代孫伏敬祖應請立爲五經博士俟年

及十五以上給咨送部考試再行題請承襲等因於嘉慶七年四月初二日題初四日奉
旨依議欽此欽遵在案今據署布政司金光悌詳稱據濟南府詳據鄒平縣查明應襲五經博士伏敬祖年十七歲應令赴部考試取具印甘各結呈送轉請給咨赴部考試等情詳送前來理合給咨該博士親賫赴部投遞考試等因移咨到部該臣等議得例載先儒後裔應承襲五經博士八員年十五歲以上者由該省督撫給咨赴部考試如果文理明順題准承襲等語查先儒後裔前經臣部于嘉慶七年題准添設五經博士俟伊

十五代孫伏敬祖年及十五以上該撫送部考試驗其文理明順再行題請承襲等因在案今據前任山東巡撫全保咨稱伏勝後裔伏敬祖現年十七歲例應送部考試前來經臣部考試得伏敬祖文理明順與承襲之例相符應准其承襲五經博士恭候

命下臣部行知吏部照例給劄臣等未敢擅便謹題請

旨本月十九日奉

旨依議欽此

重修伏生祠記

暴秦焚滅經籍欲愚黔首黔首固未可愚祗自愚以速

滅亡而經籍之在人心者如日月之揭乎天固亦不可得而滅也噫秦灰已冷漢業聿新孰謂禍難散亡之餘間有伏生巋然久存獨能壽遺經於胸臆以傳來學而新生民之耳目哉是益天相斯人畀之以九十之年而其所以託之者有在也濟南鄒平縣治東北十餘里號伏生鄉伏生之墓在焉即墓所有祠歲久弊漏縣尹大寧曹明叔視事之歲躬拜祠下顧瞻徘徊睠先賢之所藏仰遺像之有託慨然興懷營修完飾輪奐一新率邑人士與凡在官者具牲醴以祀復專其子獻來請曰願有述起巖緬維先生之有功於斯文天下所共知後世

論次其功贈乘氏伯號曰大儒從享孔廟天下通祀惟鄒以其鄉獲私展其敬既列祠縣學又即墓建祠其趨向可知也會曹尹復能崇墓葺祠俾邑人益知有以景仰前哲而進于學於以化民成俗是真能舉其職矣起巖濟產也聞其請故不敢辭既書其事因附所見俾來者有攷仍繫以銘按漢儒林傳伏生名勝爲秦博士壁藏書以避禁兵後亡數十篇獨以二十九篇教于齊魯文帝欲召時年已九十餘老不能行詔掌故晁錯往受之衛宏云伏生老不能正言言不可曉使其女傳語教錯孔安國書序但云失其本經口以傳授藝文志尚書

二十九篇乃其所受者漢儒謂之今文隋經籍志乃云伏生口傳二十八篇作書傳四十一篇以授同郡張生張生授千乘歐陽生歐陽生授倪寬寬授歐陽之子世傳至曾孫高謂之歐陽學又張生傳夏侯都尉有大小夏侯學宋葉夢得以書出伏生者二十三篇傳歐陽翕崇文總目尚書大傳二卷爲伏勝撰晁氏以爲勝終之後歐陽生張生各論所聞特撰大義名之曰傳其說互有不同要之今文尚書出於伏生者則一也先生爲秦博士秦坑儒無所施其學至漢始傳然則先生之學既施於漢而名以顯於後世故余不繫之秦而繫之

漢題曰漢濟南伏先生祠碑云銘曰於維先生始焉則屯終焉則亨獨抱遺經以淑後人以慰幽貞行法俟命天錫耄年庸待治平竟以所授列於學官其道大明書以人傳人以書顯垂萬世名稽古之力斯文與俱茲不曰榮從祀孔廟徧於寰區罔不敬承矧茲梁鄒鄉墓攸在礪提作程沉沉亢扃體魄斯安祠以妥靈茂宰尚賢有壞必葺遹觀厥成於鄉於學祀享相望閱千百齡穹碑有銘被之絃歌用侑爾牲元至順二年禮部尚書張起巖撰

尚書大傳序錄

番禺陶福祥校字

尚書大傳卷一

漢伏勝撰　鄭康成注　福州陳壽祺輯校

唐傳案曰困學紀聞卷二云大傳說堯典謂之唐傳則伏生不以是爲虞書

堯典

堯年十六以唐侯升爲天子遂以爲號論語泰伯疏

案曰堯典正義云徧檢書傳無帝堯即位之年則此似非伏生大傳文疑出書緯

辯章百姓見毛詩采菽正義史記五帝紀索隱後漢書注

辨章百姓百姓昭明癸辛雜識前集引尚書大傳第一日云云

主春者張昏中可以種稷主夏者火昏中可以種黍主秋者虛昏中可以收斂以上見禮

書卷三十五尚書堯典正義又周禮司寤氏疏引穀作稷收斂下多蓋藏二字黍下多菽字又周禮考工記疏北堂書鈔太平御覽二十一時序部六八百三十八百穀部二八百四十二百穀部六並節引

案日太平御覽時序部十八又二十又二十四引尚書考靈曜曰鳥星爲春候火星爲夏期專陽相助同精感符虛星爲秋候昴星爲冬期陰氣相佐德乃弗邪子助母收母合子符鄭康成注虛星北方宿也昴星西方宿也陰指母也禮記月令正義引尚書考靈曜曰主春者鳥星昏中可以種稷主夏者心星昏中可以種黍主秋者虛昏中可以種麥主冬者昴星昏中則入山可以斬伐具器械王者南面而坐視四星之中者而知民之緩急急則不賦力役故敬授民時書緯之言與伏生書傳同淮南子主術訓張昏中則務種穀大火中則種黍菽虛中則種宿麥昴中則收斂畜積伐薪木此即本大傳

秋昏虛星中可以種麥（注）虛北方玄武之宿八月昏中見於南方齊民要術二

主冬者昴昬中可以收斂田獵斷伐當上告之天子而下賦之民故天子南面而視四星之中知民之緩急急則不賦籍不舉力役故曰敬授人時此之謂也還籍公家之常徭太平御覽二十六時序部十一又尚書堯典正義北堂書鈔路史後紀十一引小異

東方者何也動方也物之動也何以謂之春春出也故謂東方春也太平御覽十八時序部三又藝文類聚三

春出也萬物之出也廣韻十八眞

南方者何也任方也任方者物之方任何以謂之夏夏者假也吁荼萬物養之外者也故曰南方夏也御覽二十一時序部六

夏者假也吁荼萬物而養之外也（注）吁荼讀曰嘘舒事類賦注末六字是鄭注西方者何也鮮方也鮮訊也訊者始入之皃始入者何以謂之秋秋者愁也愁者萬物愁而入也故曰西方者秋也（注）秋收斂皃御覽二十四時序部九案曰愁當如禮記作揫字之誤注秋字亦當作揫北方者何也伏方也伏方也者萬物伏藏之方伏藏之方則何以謂之冬冬者中也中也者萬物方藏於中也故曰北方冬也陽盛則呼荼萬物而養之外也陰盛則呼吸萬物而藏之内也（注）吁荼氣出而温呼吸氣入而

寒溫則生寒則殺也故曰吁吸也者陰陽之交接萬物之終始御覽二十六時序部十一又藝文類聚三記纂淵海卷三節引又事類賦五

中春辯秩東作中夏辯秩南譌中秋辯秩西成中冬辯在朔易周禮馮相氏注賈公彥疏云據書傳而言

便秩東作史記五帝紀集解引尚書傳

辯秩東作史記五帝紀索隱引尚書傳

便在伏物史記五帝紀索隱引尚書傳

分命和仲度西曰柳穀周禮縫人注賈疏云是濟南伏生書傳文

寅餞入日辯秩西成傳曰天子以秋命三公將率選士厲兵以征不義決獄訟斷刑罰趣收斂以順天道以佐

秋殺御覽二十四時序部九

辯在朔易日短朔始也傳曰天子以冬命三公謹葢藏閉門閭固封境入山澤田獵以順天道以佐冬固藏也御覽二十六時序部十一

案曰伏生尚書大傳引書曰短下無星昴二字或傳寫失之或以日短斷句

否不也文選羽獵賦注引鄭元尚書大傳注

案曰此疑否德之注

孔子對子張曰男子三十而娶女子二十而嫁女二十而通織紝績紡之事黼黻文章之美不若是則上無以孝於舅姑下無以事夫養子也周禮媒氏疏無女二十而四字通典五十九嘉

禮四○又毛詩摽有梅正義

婦人八歲備數十五從嫡二十承事君子公羊隱七年解詁徐疏云書傳文

孔子曰舜父頑母嚚不見室家之端故謂之鰥毛詩桃夭序正義引唐傳又尚書堯典正義通鑑前編帝堯七十載注○堯典正義曰鰥者無妻之名不拘老少書傳以舜年尚少爲之說耳

男三十而娶女二十而嫁書有鰥在下曰虞舜大戴禮本命篇盧辨注

舜生姚墟風俗通山澤弟十謹案尚書云云姚墟在濟陰城陽縣

案曰尚書無此文此蓋尚書傳文

昔舜耕于歷山陶于河濱注歷山在河東（毛詩魏譜正義又尚書大禹謨正義）

注歷山在河東今有舜井（水經瓠子水注御覽四十二地部七井作墓引鄭元云）

販于頓丘就時負夏（史記五帝紀索隱又御覽八百二十九資產部九引上句）

舜漁于雷澤之中注雷夏沇州澤今屬濟陰（史記五帝紀集解御覽七十二地部三十七又八百三十三資產十三引傳）

正月上日受終于文祖在旋機玉衡以齊七政齊中也七政者謂春秋冬夏天文地理人道所以爲政也道正而萬事順成故天道政之大也旋機者何也傳曰旋者還也機者幾也微也其變幾微而所動者大謂之旋機

是故旋機謂之北極受謂舜也上日元日御覽二十九時序部十四又史記五帝紀正義天官書索隱○玉海天文上引大傳與此不同蓋誤案曰隋書天文志引尚書攷靈曜琁璣中而星未中爲急急則日過其度月不及其宿璇璣未中而星中爲舒舒則日不及其度月過其宿璇璣中而星中爲調調則風雨時庶艸蕃蕪而百穀登萬事康也玉海天文門引此文首有昏明主時乃命中星者九字是書緯言在旋機以定中星之法也

注渾儀中筩爲旋機外規爲玉衡也史記天官書索隱引鄭元注大傳云

萬物非天不生非地不載非春不動非夏不長非秋不收非冬不藏故書曰煙于六宗此之謂也注煙祭也字當爲禋馬氏以爲六宗謂日月星辰泰山河海也經曰肆類于上帝禋于六宗望秩于山川徧于羣神月令天

子所來年于天宗如此則六宗近謂天神也以周禮差之則爲星辰司中司命風師雨師也御覽十八時序部三儀禮經傳通解續二十六上因事之祭○又御覽五百二十八禮儀部七續漢祭祀志中注北堂書鈔引並無注案日注司中宋本御覽作司人非煙舊作禋路史餘論五云禋于六宗大傳作煙則事止燔燎据此大傳字从火旁垔作煙故鄭注直釋之曰祭也周禮大宗伯疏引尙書洛誥注云禋芬芳之祭康成注周禮以禋祀祀昊天上帝云禋之言煙周人尙臭煙氣之臭聞者也是鄭据書堯典煙于六宗之文以解禮也他書誤爲禋字則注語不可通矣史晨祀孔子廟碑以供煙祀樊毅修西嶽廟記奠柴燎煙西京賦升高煙于太乙魏受禪碑煙于六宗與大傳合

古者圭必有冒言不敢專達之義也天子執冒以朝諸侯見則覆之【注】君恩覆之臣敢進周禮玉人疏

古者圭必有冒言下之必有冒不敢專達也天子執冒以朝諸侯見則覆之故冒圭者天子所與諸侯爲瑞也瑞也者屬也無過行者得復其圭以歸其國有過行者留其圭能改過者復其圭三年圭不復少黜以爵六年圭不復少黜以地九年圭不復而地畢此所謂諸侯之朝於天子也義則見屬不義則不見屬禮書五十二又御覽八百六珍寶部五文獻通考節引留其圭下有三年二字

天子執冒以朝諸侯見則覆之故圭冒者天子所與諸侯爲瑞也瑞也者屬也諸侯執所受圭與璧以朝於天子無過者得復其圭以歸其國其餘有過者留其圭能

正行者復還其圭三年圭不復少絀以爵六年圭不復少絀以地九年圭不復而地削此謂諸侯之朝于天子也義則見屬不義則不見屬白虎通文質篇又路史後紀十二山堂考索演繁露玉海竝節引

古者巡守以遷廟之主行出以幣帛皮圭告於祖遂奉以載於齊車每舍奠焉然後就舍反必告奠卒斂幣玉藏之兩階之間蓋貴命也路史後紀十二疏仡紀有虞

見諸侯問百年命大師陳詩以觀民風俗命市納賈以觀民好惡山川神祇有不舉者爲不敬不敬者削以地宗廟有不順者爲不孝不孝者黜以爵變禮易樂爲不

從不從者君流改衣服制度爲畔畔者君討有功者賞之尚書曰明試以功車服以庸（白虎通巡守篇）

注　百年老成人見尊之之至也（路史後紀十二疏仡紀有虞引鄭康成注云）

舜修五禮五玉三帛（廣韻入聲二十陌帛字注）

以賢制爵以庸制祿故人慎德興功輕利而興義（路史後紀十一陶唐氏）

三年一使三公絀陟（公羊隱八年何休解詁疏云書傳文）

五年親自巡守巡猶循也狩猶守也循行守視之辭亦不可國至人見爲煩擾故至四嶽知四方之政而已（公羊隱八年解詁疏云堯典文）

案曰堯典無此文葢皆出伏生堯典傳疏脫傳字耳今附錄於此

古之帝王必有命民能敬長矜孤取舍好讓者命於其君然後得乘飾車駢馬衣文錦未有命者不得衣不得乘乘衣者有罰後漢書王符傳注又藝文類聚舟車部引同惟無命於其君四字不得乘作不乘車又禮書卷十四引同未有命者作民之未命者又毛詩都人士正義禮記大學正義御覽八百十五布帛部二路史後紀十一並節引好讓下有舉事力三字

注　飾漆之駢併也周禮巾車疏引鄭注云

注　居士錦帶禮書十四引鄭氏釋之曰

古者有命民有飾車駢馬衣錦禮記玉藻正義引唐傳云

唐虞象刑而民不敢犯苗民用刑而民興相漸唐虞之

象刑上刑赭衣不純中刑雜屨下刑墨幪以居州里而民恥之【注】純緣也時人尚德義犯刑者但易之衣服自爲大恥屨履也幪巾也使不得冠飾御覽六百四十五刑法部十一○又文選求賢良詔注七命注初學記二十白帖象刑荀子正論篇注並節引

唐虞之象刑上刑赭衣不純中刑雜屨下刑墨幪以居州里而反於禮【注】純緣也時人尚德義犯刑者但易之衣服自爲大恥周禮罷民亦然上刑易三中刑易二下刑易一輕重之差公羊傳襄二十九年疏

案曰傳末而反於禮四字公羊襄二十九年疏作而民恥之據路史後紀十一紀陶唐云唐傳作而反于禮甫刑傳以三刑爲有虞氏者非今依改○案又曰路史引而反於禮四字爲唐傳下即言三刑非有虞

制是此四字與上刑中刑下刑云云相屬皆在唐傳中路史此下又釋云純緣也幪巾也周禮罷民亦然上刑易三下刑易一輕重之差也皆用鄭注文則唐傳有此節傳注甚明吳中本以此四字綴上條而民恥之下非也

唐虞象刑犯墨者蒙皂巾犯劓者赭其衣犯臏者以墨幪其臏處而畫之犯大辟者布衣無領○北堂書鈔象刑酉陽雜俎卷八引首九字無幪字皂舊譌爲帛今從雜俎引改○雜俎下引白虎通墨者額也取漢法火之勝金

帝猶反側晨興闢四門來仁賢文選刻漏銘注又毛詩關雎正義引首句書曰三歲考績三考黜陟幽明其訓曰三歲而小考者正職而行事也九歲而大考者黜無職而賞有功也其賞有功也諸侯賜弓矢者得專征賜鈇鉞者得專殺賜圭

瓚者得爲鬯以祭不得專征者以兵屬於得專征之國〔注〕春秋傳曰魯賦八百邾賦六百以兵屬於晉由是也不得專殺者以獄屬於得專殺之國不得賜圭瓚者資鬯於天子之國然後祭〔注〕資取 儀禮集傳集注三十三王制之已又儀禮經傳通解續宗廟路史發揮五禮記王制正義並節引又路史後紀十二有虞紀引作周傳考績訓案曰周書無考績之文周當爲唐字之誤路史賞有功也下尚有一之三以至九年云云三十八字其文詞不類大傳捃羅氏泌之語今不錄

堯南撫交阯 水經注三十七淹水注

堯時麒麟在郊藪 毛詩麟趾序正義引唐傳云

堯使契爲田 路史發揮卷四注引伏氏書

弃爲田路史後紀十一云伏書亦謂弃爲田

虞傳案曰尚書正義卷二云伏生雖有一虞夏傳以外亦有虞傳夏傳

九共案曰困學紀聞卷二云虞傳有九共篇漢藝文志考證云大傳篇有九共

書曰予辯下土使民平平使民無敖困學紀聞卷二玉海卷三十七〇路史後紀十一引作民以無敖

九共以諸侯來朝各述其土地所生美惡人民好惡爲之貢賦政教略能記其語曰予辯下土使民平平使民無敖薛季宣書古文訓十六引伏生稱

五年一朝公羊桓元年注徐疏云虞傳文

古者諸侯之於天子五年一朝朝見其身述其職述其

職者述其所職也（文選二十六謝靈運之郡初發都詩注又上林賦注張景陽雜詩注五等諸侯論注）

（案曰公羊疏以五年一朝爲書傳文其詳見此蓋卽九共之傳也）

虞夏傳

（案曰禮記王制正義云伏生書傳有虞夏傳）

堯爲天子丹朱爲太子舜爲左右【注】（左右助也若周之冢宰典國事）堯知丹朱之不肖【注】肖似也（史記五帝本紀索隱亦引此三字）必將壞其宗廟滅其社稷而天下同賊之故堯推尊舜而尚之屬諸侯焉致天下於大麓之野【注】堯受運衡知天命之所在而授又深知朱之不似不欲命於天誅如桀紂也（御覽百四十六皇親部十二引傳並注）

堯推尊舜屬諸侯致天下於大麓之野（注）山足曰麓麓者錄也古者天子命大事命諸侯則為壇國之外堯聚諸侯命舜陟位居攝致天下之事使大錄之　路史發揮五引虞夏傳及鄭康成注云

堯得舜推而尊之贈以昭華之玉　文選石闕銘注曲水詩序注

堯致舜天下贈以昭華之玉　御覽八百四珍寶部三又見事類賦九

案曰此上二條當與路史所引為一

尚書曰堯將禪舜納之大麓之野烈風雷雨不迷致之以昭華之玉　水經濁漳水注引尚書

案曰疑尚書逸篇之文且與文選注御覽所引異恐非尚書傳

舜耕于歷山堯妻之以二女屬其九子也贈以昭華之玉初學記帝王部

維元祀巡守四嶽八伯注祀年也元年謂月正元日舜假于文祖之年也巡行也視所守也天子以天下爲守堯始得羲和命爲六卿其主春夏秋冬者并掌方嶽之事是爲四嶽出則爲伯其後稍死鴅吺共工等代之乃分置八伯注見儀禮通解續二十六亦見周禮序御覽皇王部六禮儀部十六又通鑑前編節引

壇四奥沈四海封十有二山兆十有二州注奥内也安也四方之内人所安居也爲壇祭之謂祭四方之帝四方之神也祭水曰沈注見儀禮通解續又見文選宋郊祀歌注御覽禮儀部十六亦引此

句祭者必封封亦壇也十有二山十有二州之鎮也兆域也爲營域以祭十二州之分星也壇洮封兆皆因所宜爲之名御覽八十一皇王部六引維元祀至此下有濬川二字宜從之○注見儀禮通解續樂正定樂名注樂正樂官之長周禮曰大司樂注見儀禮通解續元祀代泰山注元始也歲二月東巡守始祭代氣於泰山也東稱代書曰至于岱宗柴注見儀禮通解續貢兩伯之樂焉陽伯之樂注陽伯猶言春伯春官秩宗也伯夷掌之毛詩小雅鼓鐘疏引虞傳陽伯上有東嶽二字儀禮經傳通解續二十六通鑑前編竝同○注見儀禮通解續舞株離注株離舞曲名言象物生育離根株也注見儀禮通解續又毛詩鼓鐘正義周禮鞮鞻氏疏引注株離至此其歌聲比余謠注徒歌謂之

謠其聲清濁比如余謠然後應律也注見儀禮通解續名曰晳陽注晳當爲析春厥民析晳陽樂正所定名也是時契爲司徒掌地官矣後又舉禹掌天官注見儀禮通解續儀伯之樂注儀當爲羲羲仲之後也注見儀禮通解續舞鼚哉其歌聲比大謠名曰南陽注鼚動貌哉始也言象物應雷而動始出見也南任也注見儀禮通解續中祀大交霍山爾雅釋地疏引虞夏傳霍山爲南嶽貢兩伯之樂焉注中仲也古字通春爲元夏爲仲五月南巡守仲祭大交氣於霍山也南交稱大交書曰宅南交是也注見通鑑前編夏伯之樂注夏伯夏官司馬也棄掌之舞謾彧聖賢羣輔錄謾彧作漫哉舞下有武字一無武字玉海同其歌聲比

中謠名曰初慮羣輔錄作祁盧玉海同注謾猶曼也或長貌言象物之滋曼或然也初慮陽上極陰始謀也謾或爲謗義伯之樂注義伯義叔之後也舞將陽其歌聲比大謠名曰朱于案曰羣輔錄作朱華玉海同詩考作于注將陽言象物之秀實動搖也于大也秋祀柳穀華山貢兩伯之樂焉注八月西巡守祭柳穀之氣於華山也柳聚也齊人語秋伯之樂注秋伯秋官士也咎陶掌之舞蔡俶其歌聲比小謠名曰苓落案曰苓羣輔錄作零注蔡猶衰也俶始也言象物之始衰也和伯之樂注和伯和仲之後也案曰注和仲儀禮通解續及路史後紀引作和叔非今改正舞玄鶴其歌聲比中謠名曰歸來注玄鶴言

象陽鳥之南也歸來言反其本也幽都弘山祀【注】弘山恆山也十有一月朔巡守祭幽都之氣於恆山也互言之者明祭山北稱幽都也貢兩伯之樂焉冬伯之樂【注】冬伯冬官司空也垂掌之舞齊落【注】齊落終也言象物之終也齊或爲聚歌曰縵縵垂爲冬伯舞丹鳳一曰齊落歌曰齊樂一曰縵縵【注】和伯樂闕聖賢羣輔錄引又玉海百二十五引大傳云見羣輔錄○注和伯樂闕四字見通鑑前編○案曰一曰齊落一曰縵縵二句疑鄭注之文非大傳文也并論八音四會【注】此上下有脫辭其說未聞羣輔錄歸假于禰祖用特五載一巡守羣后德讓貢正聲而九族具成【注】族當爲奏言諸侯貢其正聲而天子九奏之樂

乃具成也以上傳自維元祀至此見儀禮經傳通解續二十六上因事之祭全引又通鑑前編帝舜
元載引虞夏傳維元祀至用特止○又御覽八十一禮
儀部十六引維元祀至兆十有二州路史餘論卷八引
舜元祀後紀十二有虞紀引維元祀至八伯竝云虞夏
傳毛詩小雅鼓鐘正義引東嶽陽伯之樂尚書堯典正
義引說舜典之四岳及義伯和伯周禮鞮鞻氏疏引陽
伯之樂舞株離竝云虞傳○又周禮序文選上林賦注
長笛賦注顏延年郊祀歌注御覽皇王部六禮記王制
正義路史後紀十二通鑑前編帝堯元載玉海詩攷小
學紺珠聖賢羣輔錄竝引○以上注自夏
伯至此並見儀禮經傳通解續二十六

五載一巡守羣后德讓貢正聲而九族具成雖禽獸之
聲猶悉關於律樂者人性之所自有也故聖王巡十有
二州觀其風俗習其性情因論十有二俗定以六律五
聲八音七始著其素蔟以爲八此八伯之事也分定於

五此五嶽之事也五聲天音也八音天化也七始天統也通鑑前編帝舜六載引書大傳又北堂書鈔樂隋書音樂志禮書百十七路史後紀十二詩地理考並節引【注】族當爲奏言諸侯貢其正聲而天子九奏之樂乃具成也闋猶入也入路史後紀引作統今詩國風是也案曰此因論十有二俗下注五聲宮商角徵羽也八音鐘鼓笙磬塤篪柷敔琴也七始黃鐘林鍾大蔟南呂姑洗應鍾蕤賓也歌聲不應此則去之素猶始也蔟猶聚也樂音多聚以爲八也五謂塤在北方鼓在東方之屬天所以理陰陽也注見通鑑前編全引〇又隋書音樂志禮書百十七維五祀定鐘石論人聲乃及鳥獸咸變於前故更箸〇四時推六律六呂詢十有二變而

道宏廣五作十道孝力爲右秋養耆老而春食孤子乃浡然招樂興於大鹿之野執事還歸二年談然乃作大唐之歌通鑑前編帝舜五載引虞夏傳又宋書禮志路史後紀十二有虞紀路史發揮五詩攷

注詢均也五作五教也十道謂君令臣共父慈子孝兄愛弟敬夫和妻柔姑慈婦聽者也興成也樂以致天神出地祇致人鬼爲成也談猶灼也大唐之歌美堯之禪也注見通鑑前編帝舜五載○又路史後紀十二引五作十道注

樂曰舟張辟雍鶬鶬相從八風回回鳳皇喈喈玉海音樂又六藝流別卷一

案曰路史後紀十二云維五祀定鍾石論人聲鳥獸咸變乃更著四時推律呂均十有二變而道宏廣于

是勃然興韶于大麓之野執事還歸二年謗然乃作大唐之歌以聲帝美聲成而絲鳳至故其樂曰舟張辟雍鶬鶬相從八風回回鳳皇喈喈據此則樂曰以下當與上文相屬但疑尙有脫文耳譈作謗字之誤又案曰尙書無劫無或侜張爲幻爾疋釋訓侜張誑也說文解字侜有壅蔽也揚雄國三老箴姦寇侏張侏張即侜張之異文鄭注周禮甸祝禂今侏大也注論語朱張爲侏張與夷逸皆不作人名解鄭意夷逸謂夷于逸民侏張謂狂士張大皃也尙書大傳舟張辟雍舟即侜之省同聲假借言辟雍之形有壅蔽而張大也

維五祀定鐘石論入聲【注】舜始欲改堯樂乃及鳥獸咸變於前【注】百獸率舞之屬秋養耆老而春食孤子乃浡然招樂興於大麓之野報事還歸二年譈然乃作大唐之歌【注】譈猶灼也大唐之歌美堯之禪也歌者三年昭

然乃知乎王世世明有不世之義招爲賓客而雍爲主人注招雍皆樂章名也賓入奏招主人入奏雍也始奏肆夏納以孝成注始謂尸入時也納謂薦獻時也肆夏孝成皆樂章名舜爲賓客而禹爲主人注舜既使禹攝天子之事於祭祀避之居賓客之位獻酒則爲亞獻也樂正道贊曰尚考太室之義唐爲虞賓注尚考猶言往時也太室明堂中央室也義當爲儀儀禮儀也謂祭太室之禮堯爲舜賓也至今衍於四海成禹之變垂於萬世之後注衍猶溢也言舜之禪天下至於今其德業溢滿四海也御覽五百七十一樂部九又御覽天部八人事部四十六詩考

維十有三祀帝乃稱王而入唐郊猶以丹朱爲尸於時百執事咸昭然乃知王世不絶爛然必自有繼祖守宗廟之君【注】舜承堯猶子承父雖已改正易樂猶祭天於唐郊以丹朱爲尸至十三年天下既知已受堯位之意矣將自正郊而以丹朱爲王者後欲天下昭然知之然後爲之故稱王也晉祀夏郊以董伯爲尸知當以丹朱爲王者後使祭其郊也祖或爲禮儀禮經傳通解續二十二天神引傳及注○又禮記曲禮正義載異義引虞夏傳舜入唐郊二句禮書七十四尸通鑑前編帝堯七十載引同

維十有四祀帝乃雍而歌者重篇通鑑前編帝舜十四載引虞夏傳

維十有四祀鐘石笙筦變聲樂未罷疾風發屋天大雷

雨帝沈首而笑曰明哉非一人天下也乃見於鐘石北堂書鈔石〇又路史發揮五注引虞傳云維五祀奧部樂於大鹿之野十四祀笙管變天大雷雨疾風爲遜禹之事也

維十有五祀祀者貳尸通鑑前編帝舜十五載引虞夏傳

維十有五祀舜爲賓客禹爲主人樂正進贊曰尚考太室之義唐爲虞賓文選王元長曲水詩序引尚書大傳

還歸二年而廟中苟有歌大化大訓六府九原而夏道興通鑑前編

歌大化大訓六府九原而夏道興注四章皆歌禹之功困學紀聞卷二

於時卿雲聚俊乂集百工相和而歌卿雲御覽人事部四十六又天部八又藝文類聚天部上祥瑞部上後漢書崔駰傳注文選江文通雜體顏特進侍宴詩注並引小異於時俊乂百工相和而歌卿雲帝乃倡之曰卿雲爛兮【注】和氣之明者也糺縵縵兮【注】敎化廣遠或以爲雲出岫回薄而難名狀也日月光華旦復旦兮【注】言明明相代八伯咸進稽首曰明明上天爛然星陳日月光華弘於一人帝乃載歌旋持衡曰日月有常星辰有行四時從經萬姓允誠於予論樂配天之靈遷於賢聖莫不咸聽鼚乎鼓之軒乎舞之菁華已竭褰裳去之於時八風循通卿雲蘩蘩【注】蘩或爲蔟言和氣應也蟠龍賁信於

其藏【注】蟠屈也蛟魚踴躍於其淵黿鼉咸出於其穴遷虞而事夏也通鑑前編帝舜十五載又御覽樂部九引帝乃倡之至末引傳及注○又御覽八天部八引舜時卿雲見於時百工和歌舜歌曰云云又御覽九天部九御覽八百七十二休徵部一事類賦二雲注卷十一歌注藝文類聚四十三祥瑞部上文選東京賦注別賦注曲水詩序注潘正叔贈陸機詩注七命注並分別載歌藝文四十三御覽五百七十一並作再歌舜之御覽作僶之循通御覽作循涌賁作僨他書循通作脩通非於其藏文選七命注于作越旋持衡三字御覽無今從前編增旋上依宋書符瑞志當有摛字前編亦脫

案曰談然作大唐之歌徐陵梁禪陳策文云精華既竭耄勤已倦則抗首而笑惟賢是與談然作歌簡能斯授悉用尚書大傳事而談字作謗路史亦作謗據鄭注談猶灼也則作謗者誤又北堂書鈔引大傳抗首而笑徐陵文作抗首通鑑外紀作优首尋其文義抗首是也又宋書符瑞志云舜乃擁璿持衡而笑北

齊書文宣帝紀云重華握縻拵衡擒璇遁鏗前緒引大傳帝乃載歌旋拵衡旋上當脫擁字載歌藝文類聚四十三御覽五百七十一引並作再歌外紀說此事亦然惟於歌卿雲後云帝乃再歌擁旋拵衡杙首而笑曰時哉夫天下非一人之天下也亦見乎鍾石笙瑟此則上下𣏌亂劉道原所据大傳已失其舊矣案日宋書符瑞志禹乃興九招之樂致異物鳳皇來翔又曰舜在位十有四年奏鍾石笙筦未罷而天大雷雨疾風發屋拔木桴鼓播地鍾磬亂行舞人頓伏樂正狂走舜乃擁璿拵衡而笑曰明哉非一人之天下也亦乃見於鍾石笙筦乎乃薦禹於天使行天子事於時和氣普應慶雲興焉若煙非煙若雲非雲郁郁紛紛蕭索輪囷百工相和而歌卿雲帝乃倡之曰慶雲爛兮糺縵縵兮日月光華旦復旦兮羣臣咸進稽首曰明明上天爛然星陳日月光華宏予一人帝乃再歌曰日月有常星辰有行四時從經萬姓允誠於予論樂配天之靈遷於聖賢莫不咸聽鼚乎鼓之軒乎舞之精華既竭褰裳去之於是八風脩通慶雲藂藂蟠龍奮迅於其藏蛟魚踴躍於其淵龜鼈咸出其穴遷虞而事夏宋志此文蓋悉本大傳今

大傳舜五祀十二祀十四祀十五祀之事錯見書籍所引闕佚不全又先後乖舛吳中舊本徒据太平御覽樂部九所引一條實多闕漏考路史後紀十二有虞紀言維五祀定鐘石論人聲興部於大麓之野還歸二年作大唐之歌聲成而綵鳳至故其樂曰舟張辟雍鶬鶬相從八風回回鳳皇喈喈困學紀聞卷二引大傳樂曰以下四句是宜與大唐之歌相屬也御覽樂部九引歌者三年乃知乎王世明有不世之義此十七字亦宜綴樂曰四句之下蓋所謂歌者即歌大唐之歌也所謂明有不世之義即指堯禪舜而言也儀禮經傳通解續卷二十二引維十有三祀帝乃稱王而入唐郊猶以丹朱為尸正說舜受禪事下言百執事咸知王世不絕必有繼祖守宗廟之君與乃知王世明有不世之義正相對照是此段宜與歌者三年三句相屬也路史發揮五注引虞傳云十四祀笙管變天大雷雨疾風為遜禹之事北堂書鈔引維十有四祀鐘石笙筦變云云通鑑前編引維十有四祀帝乃雍而歌者重篇是此數條宜相屬也宋書符瑞志說舜十四年奏樂事甚詳與北堂書鈔所引大傳合則宋志之為全採大傳無疑書鈔所引有不備

者當據宋書路史補之也路史後紀十二叙舜啓曰而巽位下云鐘石渝笙筦變未及終天大雷電烈風大木盡拔大屋盡發宮羽盡革二工伏柷以樸雅帝乃雍而歌者重篇樂人重贊舞人復綴乃更容貳節備十有二變奏肆夏而納以孝成四岳三公暨百執事咸贊于帝者尚楷太室唐爲虞賓始而狂然汔茲羨于四海誠禹之命敷于四海部爲賓而雍爲主人矣尋路史此段多本大傳其次第略可見帝乃雍而歌者重篇在鐘石笙筦變之下尚有樂正重贊舞人復綴數語而始奏肆夏納以孝成尚楷太室唐爲虞賓一節據文選曲水詩序注乃十有五祀事路史乃與歌雍重篇聯爲一時今詳審文義納以教成以上當爲十四祀事下當接歌者二年而廟中苟有歌大化大訓六府九原而夏道興舜爲賓客以下當從選注爲十五祀事其上當據前編增記者貳尸一語如此則文從而不紊矣聖賢羣輔錄云十有五祀後又有百工相和而歌慶雲八伯稽首而進見是卿雲之歌在十五祀後也通鑑前編引虞夏傳維十有四祀帝乃雍而歌者重篇下即接云于時俊乂百工相和而歌卿雲云云亦失次今參訂諸書所徵更定之如

左

今重定傳文

維五祀定鐘石論人聲乃及鳥獸咸變於前故更著四時推六律六呂詢十有二變而道宏廣五作十道孝力爲右秋養耆老而春食孤子乃淳然招樂興於大鹿之野報（一作執）事還歸二年譢然乃作大唐之歌樂曰舟張辟雍鶬鶬相從八風回回鳳皇喈喈歌者三年昭然乃知乎王世明有不世之義維十有三祀帝乃稱王而入唐郊猶以丹朱爲尸於時百執事咸昭然乃知王世不絶爛然必自有繼祖守宗廟之君維十有四祀鐘石笙

筦變聲樂未罷疾風發屋天大雷雨帝沈首而笑曰明哉非一人之天下也乃見於鐘石〔案曰雷雨下當依宋書符瑞志補桴鼓播地鐘磬亂行舞人頓伏樂正狂走帝乃擁璿持衡凡二十二字又發屋下補拔木二字明哉下補天下二字乃見于鐘石下補筦筦乎三字〕帝乃維而歌者重篇〔此下當依路史後紀十二補樂正重贊舞人復綴乃更容貳節備十有二變凡十八字〕招爲賓客而雍爲主人始奏肆夏納以孝成還歸二年而廟中苟有歌大化大訓六府九原而夏道興維十有五祀祀者貳尸舜爲賓客而禹爲主人樂正進贊曰尚考太室之義唐爲虞賓至今衍於四海成禹之變垂於萬世之後於時卿雲聚俊乂集百工相和而歌卿雲帝乃倡之曰卿雲爛兮礼〔案曰礼字

當作乱縵縵兮日月光華旦復旦兮八伯咸進稽首曰明明上天爛然星陳日月光華宏予一人帝乃再案曰再字一作載歌旋持衡曰日月有常星辰有行四時從經萬姓允誠於予論樂配天之靈遷于賢聖莫不咸聽鼚乎鼓之軒乎舞之菁華已竭褰裳去之于時八風循通卿雲藂藂蟠龍賁信於其藏蛟魚踊躍於其淵龜鼈咸出於其穴遷虞而事夏也

皋繇謨

翊輔也華嚴經第七十四音義卷下引尚書大傳

案曰此今文尚書夙夜翊明有家之訓今文見史記五帝本紀

古者諸侯之於天子也三年一貢士天子命與諸侯輔助爲政所以通賢共治示不獨專重民之至大國舉三人次國舉二人小國舉一人一適謂之攸好德〔注〕適猶得也注見後漢書蔡邕傳注再適謂之賢賢三適謂之有功有功者天子賜以車服弓矢再賜以秬鬯三賜以虎賁百人號曰命諸侯命諸侯得專征者鄰國有臣弒其君孽伐其宗者〔注〕孽支子也宗適子也注見儀禮經傳通解集注三十三雖弗請於天子而征之可也征而歸其地於天子〔注〕征伐也注見儀禮通解集注有不貢士謂之不率正者〔注〕率循也正由也注見儀禮通解集注天子紬之一不適謂之過〔注〕謂三年時也再

不適謂之敖注謂六年時也三不適謂之誣注謂九年時也注見禮記射義正義誣者天子絀之一絀少絀以爵注言少絀明以漸也再絀少絀以地三絀而爵地畢注凡十五年後漢書左周黃傳論注儀禮經傳通解王制之已有不貢士以下十字通解引作諸侯之有不率正者又見禮記射義正義小異路史後紀十一陶唐氏云三適之賞見虞夏傳○注見禮記射義正義○又公羊莊元年解詁引三年一貢士至小國舉一人儀禮集傳集注小三十三引伏書禮諸侯三年一貢士至三絀而地畢小異又禮書卷一百八漢書武帝紀注後漢書蔡邕傳注通典選舉一文選晉武帝華林園集詩注困學紀聞卷五並節引

書稱天工人其代之傳曰[illegible]成天地之功者未嘗不蕃昌也潛夫論卷二思賢篇

天子衣服其文華蟲作繢宗彝藻火山龍諸侯作繢宗彝藻火山龍子男宗彝藻火山龍大夫藻火山龍士山龍故書曰天命有德五服五章哉禮書卷三又卷一引至士山龍止

山龍純靑華蟲純黃作會宗彝純黑藻純白火純赤隋書禮儀志七引尚書大傳下云以此相間而爲五采八字恐非大傳文今不錄

山龍靑也華蟲黃也作繢黑也宗彝白也藻火赤也天子服五諸侯服四次國服三大夫服一士服一

注 元或疑焉禮書卷一又卷三〇案此注有闕〇又御覽六百九十服章部七

注 五采相錯非一色也隋書禮儀志引鄭彡議已非之云

案曰續漢書輿服志孝明皇帝永平二年初詔有司采周官禮記尚書皋陶篇乘輿從歐陽氏說公卿以

下從大小夏侯氏說又曰衣裳玉佩備章采乘輿刺繡公侯九卿以下皆織成又曰顯宗初服旒冕衣裳赤舄絇屨以祠天地養三老五更于三雍天子三公九卿特進侯侍祠侯祀天地明堂皆冠旒冕衣裳玄上纁下乘輿備文日月星辰十二章三公諸侯用山龍九章九卿以下用華蟲七章皆備五采後漢書明帝紀永平二年注引董巴輿服志曰顯宗初服冕衣裳以祀天地衣裳以玄上纁下乘輿備文日月星辰十二章三公諸侯用山龍九章卿已下用華蟲七章皆五色采乘輿刺繡公卿已下皆織成陳留襄邑獻之徐廣車服注曰漢明帝案古禮備其服章天子郊廟衣皁上絳下前三幅後四幅衣畫而裳繡然則顯宗更定服章所謂從歐陽夏侯說即此是也然書傳之文無日月星辰而云天子服五何與陳祥道禮書卷三引尚書大傳山龍青也宗彝白藻火赤陳氏辨之曰大夫之服自玄冕而下士之服自皮弁而下固無藻火山龍矣既曰子男宗彝藻火山龍士山龍又曰次國服三大夫服二士服一是自戾也壽祺案書傳所言虞制也固與周禮不同書傳服五服四服三服二服一者言其采色非言其章數前後之文未嘗

相戾永平初定冕服公卿已下從大小夏侯說乘輿服從歐陽說日月星辰十二章三公諸侯用山龍九章卿已下用華蟲七章則是歐陽說冕服章數仍以十二九七爲節大小夏侯說冕服章數乃自天子至公侯以九爲節卿以下以七爲節明矣尚書益稷正義引鄭氏書注云自日月至黼黻凡十二章天子以飾祭服至周而變之以三辰爲旂旗王肅以爲舜時三辰飾畫於旌旗不在衣也天子山龍華蟲耳故王肅雖善賈馬之學而其父朗師楊賜則治歐陽尚書者肅解虞書作服與伏生大傳相合蓋亦用今文家說也大傳五服無日月星辰又無粉米黼黻故知五服是采色非章數也隋書禮儀志大業元年虞世基奏近代故實依尚書大傳山龍純青華蟲純黃作繪宗彝純黑藻純白火純赤以此相間而爲五采後周故事升日月於旌旗乃關三辰而章無十二但有山龍華蟲作繪宗彝藻火粉米黼黻乃與三公不異開皇中就裏欲生分別故衣重宗彝裳重黼黻合重二物以就九章爲十二等但每一物上下重行衮服用九鷩服用七今重此三物乃非典故據此虞世基既言近代服依書傳而後周於山龍華蟲作繪宗彝藻

火之外仍有粉米黼黻此章數也大傳以山龍爲青華蟲爲黃作績宗彝四字連讀爲黑藻爲白火爲赤陳祥道引云作繢黑也宗彝白也藻火赤也分作繢宗彝爲二合藻火爲一非伏生本文由所見大傳本誤當從隋志更正又引云子男宗彝藻火山龍以次國服三核之子男下宗彝亦誤衍宜刪陳氏反以是疑傳文自戾過矣說文十三糸部繪會五采繡也引虞書山龍華蟲作繪以後漢書明帝紀乘輿刺繡公卿已下皆織成攷之則大傳五服亦皆謂繡非畫也鄭康成注尙書始云繪讀爲繢凡畫者爲繢與伏許異見尙書正義左傳昭二十五年正義文選景福殿賦注作繪何以爲黑也說文十上黑部⿰黑會沃黑色十二下女部嬒女黑色也繪之爲黑此其義

六律者何黃鍾蕤賓無射太蔟夷則姑洗是也故天子左五鍾右五鍾（注）六律爲陽六呂爲陰凡律呂十二各一鍾天子宮縣黃鍾蕤賓在南北其餘則在東西天子

將出則撞黃鍾周禮樂師注引黃鍾下有之鍾二字右五鍾皆應注黃鍾在陽陽氣動西五鍾在陰陰氣靜君將出故以動告靜靜者皆和也馬鳴中律步者皆有容駕者皆有文御者皆有數步者中規折還中矩立則磬折拱則抱鼓注言聲合於樂體比於禮也然後太師奏登車告出也注周禮王出入奏王夏入則撞蕤賓周禮樂師注引蕤賓下有之鍾二字左五鍾皆應注蕤賓在陰東五鍾在陽君入故以靜告動動者則亦皆和之也以治容貌容貌得則氣得氣得則肌膚安肌膚安則色齊矣注入故欲其靜也蕤賓聲狗吠彘鳴及倮介之蟲皆莫不延頸以聽蕤賓注皆守物及

陰之類也在内者皆玉色在外者皆金聲注玉色反其正性也金聲其事殺然後少師奏登堂就席告入也注少師佐成大師之事者也此言至樂相和物動相生同聲相應之義也以上傳注全見儀禮經傳通解集傳集注卷二十七樂記○又周禮樂師注儀禮大射儀疏禮記玉藻正義後漢書班固傳注文選東都賦注太平御覽三百八十八卷人事部二十九

古者天子必有四鄰前曰疑後曰丞左曰輔右曰弼天子有問無以對責之疑可志而不志責之丞可正而不正責之輔可揚而不揚責之弼其爵視卿其祿視次國之君也禮記文王世子正義通典卷二十職官二儀禮經傳通解集傳集注王制之丙玉海卷百二十○又史記夏本紀注漢書伏湛傳注太平御覽卷七十六路史後紀並節引

古者天子必有四鄰前曰疑後曰丞左曰輔右曰弼天子中立而聽朝則四聖維之是以慮無失計舉無過事故書曰欽四鄰此之謂也通鑑前編帝舜元載注

天子必有四鄰前儀後丞左輔右弼直立而敢斷廣心而從欲輔善而相承謂之輔廉潔而切直謂之弼華嚴經第八十音義卷下○案曰直立而敢斷下當脫謂之儀三字廣心而從欲下當脫謂之丞三字以下文輔弼二句文法知之

案曰萬卷菁華前集引云道是周公也克是太公也弼是召公也丞是史佚也故成王中立而聽朝則四聖維之與前篇所引不同此大戴記保傅篇及賈子新書文也克二書作克此以文字相近類書誤耳

古者帝王升歌清廟之樂注清廟樂章名大琴練弦達

越大瑟朱弦達越以韋爲鼓謂之搏拊何以也注練弦朱弦互文也越下孔也凡練弦達越搏拊者象其德寬和君子有大人聲不以鐘鼓竽瑟之聲亂人聲清廟升歌者歌先人之功烈德澤也注烈業也故欲其清也其歌之呼也注呼出聲也曰於穆清廟肅雝顯相注肅雝顯相四海敬和明德來助祭傳注肅雝以下共十七字見毛詩清廟正義於者歎之也穆者敬之也清者欲其在位者徧聞之也故周公升歌文王之功烈德澤苟在廟中嘗見文王者愀然如復見文王故書曰搏拊琴瑟以詠祖考來假此之謂也儀禮經傳通解集傳集注卷二十七樂記全引傳注又見通解續宗廟樂舞二十五又禮記樂記正

義引首二句云虞書傳○又樂記正義引以韋爲鼓以下八字又毛詩文王周頌譜清廟序清廟諸正義文選江文通雜體詩曰帖琴朱子詩集傳陳暘樂書並節引

拊革裝之以糠周禮大師疏載白虎通引尚書大傳又見禮記樂記正義引白虎通曲阜孔廣林曰周禮禮記疏兩引白虎通如此賈孔皆云今書傳無其文案白虎通今亦無此文其禮樂篇引書傳云搏拊鼓振以秉疑卽革裝以糠之譌

搏拊鼓振以秉琴瑟練絲徽弦鳴者貴玉聲也白虎通禮樂

舜彈五弦之琴歌南風之詩而天下治風俗通卷六琴稱謹案尚書云云○案曰尚書無此文蓋出書傳

舜之時西王母來獻白玉琯風俗通聲音第六又漢書律志一上孟康注

元首明哉股肱良哉元首君也股肱臣也文選褚淵碑文注

夏傳

禹貢

夏成五服外薄四海【注】言德廣之所及東海魚須魚目【注】所貢物魚須今以爲簪又魚目今以雜珠南海魚革珠璣大貝【注】魚革今以飾小車纓兵室之口貝古以爲貨王莽時亦然西海魚骨魚幹魚脅【注】魚幹魚脅未聞北海魚劒魚石出瑱擊閭【注】魚劒魚兵如劔也魚石頭中石也出瑱狀如凝膏在水上擊閭狀如鮐魚大五六尺今海家謂之口口河魭【注】魭當作黿黿狀如鼈而大月令季夏命漁人伐鮫取鼉登龜取黿也江鱓大龜【注】

鱓或作鼉鼉狀如蜥蜴長六七尺鱓或爲䱇䱇鯉也五湖予唐【注】五湖揚州浸也今屬吳元唐未聞鉅野菱【注】鉅野大野也魯藪今屬山陽菱芰鉅定蠃【注】鉅定澤也今屬樂安所有故縣則屬齊蠃蝸牛也濟中詹諸【注】詹諸鼃黽也孟諸靈鼅【注】孟諸宋藪也鼅鼄俯者靈周禮天鼅曰靈屬降谷予玉【注】降讀如厖降之降或作函谷今河南穀城西關山也大都鯉魚魚刀【注】大都明都鯉魚今江南以爲鮑魚刀魚兵如刀者也咸會於中國【注】言德能及之異物來至也傳注並見玉海王會解注後○又初學記政理部三御覽七百六十十六襍物部一九百四十七蟲豸部四九百七十五果部十二禮書五十一爾雅翼卷三十錦繡萬花谷後

集卷十八困學紀聞二

禹成五服齒革羽毛器備禹貢合注太平御覽七百六十六

文皮千合史記貨殖傳索隱

白羽之繒路史疏仡紀高辛

高山大川五嶽四瀆之屬史記夏本紀集解

五嶽謂岱山霍山華山恒山嵩山也白虎通巡守篇

江河淮濟爲四瀆白虎通巡守風俗通山澤第十謹案尚書大傳禮三正記

五嶽皆觸石而出雲扶寸而合不崇朝而雨天下【注】四指爲扶藝文類聚卷一天部上文選應休璉與從弟君苗君胄書注○又後漢書章帝紀御覽卷八卷十天部○又事類賦三

大川相間小川川相屬東歸於海水經注序

大水小水東流歸海也文選海賦注郭有道碑文注

百川趨於東海文選郭有道碑文注〇又吳都賦海賦孫子荊爲石仲容與孫皓書注又長歌行注作百川赴東海

非水無以準萬里之平非水無以通遠道任重也藝文類聚卷八水部御覽五十八地部二十三〇又白帖水記纂淵海卷一水藝文引無遠字記纂引無道字

五嶽視三公四瀆視諸侯其餘山川視伯小者視子男

注所視者謂其牲幣粢盛籩豆爵獻之數非謂尊卑禮記王制正義引夏傳曰並注又尚書舜典正義引注〇又風俗通山澤第十引其餘山川下作或伯或子男大小爲差〇注所視者三字据書疏增〇又禮書

禹奠南方霍山【注】謂奠祭也（兩漢刊誤補遺引夏傳曰）

東原底平大而高平者謂之大原（水經汾水注六）

下而平者謂之隰隰之言溼也（御覽五十七地部二十三）

夏傳曰下溼曰隰（毛詩隰桑正義引夏傳曰）

順流而下曰沿（事類賦七引書大傳）

圻者天子之境也諸侯曰境天子游不出封圻諸侯非朝聘不出境（路史國名紀八）

天子游不出封圻不告祖廟【注】周禮方千里曰王圻詩曰邦圻千里惟民所止（儀禮經傳通解續二十六上因事之祭）

夏傳

天子三公一曰司徒公二曰司馬公三曰司空公

周禮天子六卿與太宰司徒同職者則謂之司徒公與宗伯司馬同職者則謂之司馬公與司寇司空同職者則謂之司空公一公兼二卿舉下以爲稱傳注並見周禮地官序官疏又匠人疏引書傳云司徒公司馬公司空公又大戴禮保傳篇注引今尚書說三公司馬司徒司空也○案曰漢書百官公卿表或說司馬主天司徒主人司空主土是爲三公

案曰禮記月令命太尉正義云按書傳有司馬公司徒公司空公領三卿此夏制也

百姓不親五品不訓則責之司徒御覽二百七職官部

蠻夷猾夏寇賊奸宄則責之司馬御覽二百九職官部

溝瀆壅遏水爲民害田廣不墾則責之司空御覽二百八職官部

案曰朱子文集云伏生書多說司徒司馬司空

注 坐而論道謂之三公通職名無正官名 考工記序工疏引夏傳注

司馬在前 周禮序官疏引夏傳

古者天子三公每一公三卿佐之每一卿三大夫佐之每一大夫三元士佐之故有三公九卿二十七大夫八十一元士所與爲天下者若此而已 御覽二百二職官部二儀禮經傳通解王制之戊集傳集注三十二又藝文類聚四十五職官一引至三元士佐之

注 自三公至元士凡百二十此夏時之官也周之官三百六十禮志曰有虞氏官五十夏后百殷二百周三百近之未得其實也據夏周推其差則有虞之官六十夏

后氏百二十殷二百四十周三百六十爲有所法儀禮集傳集注三十二又御覽二百三引首三句

舜攝時三公九卿百執事此堯之官也故使百官事舜路史後紀陶唐

注所謂六卿者后稷司徒秩宗司馬士共工爲六卿路史後紀十四夏后紀下引大傳夏書注又禮記曲禮下正義案曰路史引此條爲夏書注則是注說有虞之官制如此也上條引舜攝時堯之官制當與此注相屬故入之夏傳此篇當是說甘誓乃召六卿之文

天子諸侯必有公桑蠶室就川而爲之築宫有三尺注宫當爲宮雉長三丈高一丈度長以長度高以高則蠶

宮高一丈禮志曰仞有三尺七尺曰仞案曰毛詩瞻卬正義引此傳注云彼文直云宮有三尺宮下當脫仞字也棘牆而外閉之大昕之朝〔注〕季春朔日之朝也三宮之夫人浴種於川世婦卒蠶獻繭於夫人〔注〕此諸侯之禮天子則獻繭於后繅三盆手〔注〕手猶親也言后夫人親以手總之也毛詩瞻卬正義分引傳注云尙書夏傳文〇又齊民要術卷五節引傳首三句大昕之朝二句〇又儀禮鄉射記疏引注

殷傳案曰周禮攷工記輿人疏禮記文王世子正義毛詩文王序正義路史後紀十四困學紀聞卷二並引殷傳

帝告困學紀聞卷二云殷傳有帝告篇〇玉海卷三十七

殷傳未命爲士者不得乘飾車攷工記輿人疏引殷傳

未命爲士者不得乘朱軒【注】軒輿也士以朱飾之軒車通稱也文選別賦注又張景陽咏史詩注顔延年曲水詩序注褚淵碑文注安陸昭王碑文注

未命爲士車不得有飛軨【注】如今窗車也文選七發劇秦美新注

未命爲士不得衣繡廣韻四十九宥繡字注太平御覽布帛部二

士乘飾車兩馬庶人單馬木車公羊隱元年疏

庶人單馬木車衣布帛路史後紀十一注

帝告篇書曰施章乃服明上下困學紀聞卷二

案曰外紀卷二成湯令未命之爲士者車不得朱軒及有飛軨不得乘飾車駢馬衣文繡命然後得以順有德通志器服畧湯令未命之士不得朱軒及飛軨不得飾車駢馬衣文繡既命然後得以旌有德據二書所言皆本伏生大傳二書皆云湯令則知此文在殷傳無疑今並錄以補書傳之闕逸

湯誓

殷傳湯誓云夏人飲酒醉者持不醉者不醉者持醉者相和而歌曰盍歸于亳盍歸于亳【注】亳湯之都也注惟見繹史十四亳亦大矣故伊尹退而閒居深聽歌聲【注】思其故也是時伊尹在桀更曰覺兮較兮吾大命格兮【注】覺兮謂先知者較兮謂直道者格至也吾謂桀也去不善而就善何不樂兮伊尹入告于桀曰大命之亡有日矣桀僩然歎啞然笑曰天之有日猶吾之有民也日有亡哉日亡吾乃亡矣【注】自比于天言常在也比于日言去復來也注見文選西征賦注是以伊尹遂去夏適湯路史後紀十四夏后紀引佚書

○又藝文類聚帝王部二太平御覽八十三皇王部八御覽不重犇歸于亳句又藝文御覽並無倜然歎三字今依路史增○日有亡哉四字惟見文選西征賦注史記殷本紀集解據增○藝文類聚十二帝王部二太平御覽八十三皇王部八御覽無注吾謂桀也四字○通鑑前編夏桀四十歲引新序注云大傳與此大同小異

湯放桀居中野士民皆奔湯桀與其屬五百人南徙千里止於不齊不齊士民往奔湯桀與其屬五百人徙於魯魯士民復奔湯桀曰國君之有也吾聞海外有人與五百人俱去太平御覽八十三皇王部八

湯放桀而歸於亳三千諸侯大會湯取天子之璽置之於天子之坐左復而再拜從諸侯之位湯曰此天子之位有道者可以處之矣夫天下非一家之有也唯有道

者之有也唯有道者宜處之湯以此三讓三千諸侯莫敢即位然後湯即天子之位太平御覽八十三皇王部

桀殺刑彌厚而民彌暴故爾梁遠遂以是亡注故爾窮其近也梁讀爲掠路史後紀十四夏后紀下引殷傳○案曰傳及注故字有誤

湯之君民聽寬而獄省太平御覽八十三皇王部八

桀無道囚湯後釋之諸侯八譯來朝者六國北堂書鈔十帝王部來遠

漢南諸侯聞之歸之四十國路史後紀夏后紀下

湯伐桀之後大旱七年史卜曰當以人爲禱湯乃翦髮斷爪自以爲牲而禱於桑林之社而雨大至方數千里左傳襄十年正義

案曰湯禱旱之事見呂覽

景亳之命費昌爲御路史後紀十四夏后紀下

般庚

書曰若德明哉湯任父言卑應言困學紀聞卷二漢藝文志考證

古者諸侯始受封則有采地百里諸侯以三十里七十里諸侯以二十里五十里諸侯以十五里其後子孫雖有罪黜其采地不黜使其子孫賢者守之世世以祠其始受封之人此之謂興滅國繼絶世書曰茲予大享于先生爾祖其從與享之此之謂也路史國名紀四

案曰韓詩外傳與此同

高宗肜日

武丁祭成湯有飛雉升鼎耳而雊武丁問諸祖已祖已曰雉者野鳥也不當升鼎今升鼎者欲爲用也遠方將有來朝者乎故武丁内反諸己以思先王之道三年編髮重譯來朝者六國藝文類聚鳥部太平御覽九百十七羽族部四又御覽八十三皇王部八又論衡是應篇祖已作祖乙又後漢書郎顗傳注記纂淵海六十六

孔子曰吾於高宗肜日見德之有報之疾也【注】肜日尚書篇名御覽皇王部八〇又後漢書郎顗傳注

武丁之時外紀卷二此句上有成湯之後四字下有王道虧三字困學紀聞卷二此句下有先王道虧刑罰犯七字桑穀俱生於朝七日而大拱【注】兩手搤之曰拱

生七日而見其大滿兩手也注上六字又見史記殷本紀集解生七日以下十一字惟見尚書咸乂正義武丁召其相而問焉其相曰吾雖知之吾不能言也問諸祖已曰桑穀野艸也注此木也而云草未聞劉向以爲艸妖野艸生於朝亡乎武丁懼側身脩行思昔先王之政興滅國繼絕世舉逸民明養老之禮重譯來朝者六國注九州之外國也太平御覽八十三皇王部八引傳注惟無注生七日以下十一字○又尚書咸乂正義引七日大拱四字又漢書五行志引傳俱生於朝二句又外紀卷二紀纂淵海卷六十六朕兆又史記殷本紀集解索隱並節引又繹史十七引重譯上有三年之後四字

案曰外紀劉恕曰按伏生劉向以武丁有桑穀而向著說苑以大戊武丁時俱有桑穀呂氏春秋湯時穀生於廷比旦而大拱韓詩外傳三日而大拱皆與書序不同壽祺案尚書咸乂正義引帝王世紀亦以爲

大戊事鄭注所引劉氏說乃劉向五行傳論語見漢書五行志

西伯戡耆

案曰尚書音義黎尚書大傳作耆外紀卷二西伯勝黎伏生司馬遷作耆路史國名紀卷一大傳作西伯戡耆卷六云大傳作戡耆漢藝文志考證卷一大傳以西伯戡黎爲戡耆

伯夷避紂居北海之濱太公避紂居東海之濱皆率其黨曰盍歸乎吾聞西伯昌善養老此二人者蓋天下之大老也往而歸之是天下之父歸之也天下之父歸之其子曷往聖賢羣輔錄引尚書大傳

周文王至磻溪見呂望文王拜之尚父曰望釣得玉璜刻曰周受命呂佐檢德合於今昌來提初學記武部漁御覽八百三十

四資麐十四○又白帖溪
御覽六十七地部十三
案曰釣璜事與
尚書中候同

周文王至磻溪見呂尚釣文王拜尚云望釣得玉璜刻曰姬受命呂佐檢德合於今昌來提注釣得魚中得玉璜也佐檢猶助提者取也半璧曰璜開元占經器服休咎占篇引傳及鄭元云

虞人與芮人質其成於文王入文王之境則見其人萌讓爲士大夫入其國則見士大夫讓爲公卿二國相謂曰此其君亦讓以天下而不居也讓其所爭以爲閒田文選西征賦注○又毛詩緜正義通鑑前編舉要紂十四祀

文王一年質虞芮二年伐于三年伐密須四年伐畎夷紂乃囚之四友獻寶乃得免於虎口出而伐耆左傳襄三十一年正義○正義又引鄭玄尚書注據書傳爲說云紂聞文王斷虞芮之訟後又三伐皆勝始畏而惡之拘于羑里紂得散宜生等獻寶而釋文王文王釋而伐黎案日于他書引竝作邗從史記集解徐廣引改正案曰據毛詩文王序正義禮記文王世子正義兩引殷傳言獻寶後克耆者事則左傳正義引此條卽殷傳文無疑而毛詩文王序疏引文王受命一年斷虞芮之訟云云稱尚書周傳禮記正義先引書傳云五年伐耆者後引殷傳云五年之初得散宜生等獻寶云云是周傳別有受命一年以下之文也

西伯得四友獻寶免於虎口而克耆毛詩文王序正義引殷傳云

五年之初得散宜生等獻寶而釋文王文王出則克耆

六年伐崇則稱王禮記文王世子正義引殷傳云

既伐于崇詩攷詩異字異義

散宜生南宮括閎夭三子相與學訟於太公遂與三子見文王於羑里獻寶以免文王毛詩緜正義引書傳

散宜生南宮括閎夭三子相與學訟於太公四子遂見西伯於羑里毛詩文王序正義引書傳

散宜生等受學於太公太公除師學之禮酌酒切脯約爲朋友公羊定四年疏引書傳

散宜生閎夭南宮括三子者學乎太公太公見三子知爲賢人遂酌酒切脯除爲師學之禮約爲朋友太平御覽四百

六人事部四十七

散宜生閎夭南宮适三子者學乎太公見三子知三子之爲賢人遂酌酒切脯約爲朋友御覽六十二飯食部二十又藝文類聚七十二食物部

閎夭南宮适散宜生三子學於太公望望曰嗟乎西伯賢君也四子遂見西伯於羑里注散宜生文王四臣之一也呂尚有勇而爲將散宜生有文德而爲相繹史十九

太公之羑里見文王散宜生遂之犬戎氏取美馬駮身朱鬣雞目六字又見山海經海內北經注〇又爾雅翼卷十八引作騶身朱髦此下有除凡取九六焉六字之西海之濱取白狐青翰注翰毛之長大者注見文選

羽獵賦檄吳將校部曲注又藝文類聚祥瑞部下作長毛也之於陵氏取怪獸案曰吳中本取怪獸下有大不辟虎狼閒六字傳文無騶字注有閒大也虞盡騶虞也八字尾倍其身名曰騶虞八字見御覽八百九十獸部二之有參氏取美女之江淮之浦取大貝如車渠注渠車罔也注見文選江賦注引鄭元曰陳於紂之廷紂出見之還而觀之曰此何人也散宜生遂趨而進曰吾西蕃之臣昌之使者見繹史十九引此三十字紂大悅曰非子罪也崇侯也遂遣西伯伐崇御覽六百四十一刑法部七○又御覽八百七珍寶部六又御覽八百九十獸部二又尚書顧命正義儀禮士喪禮貝三寶于筭疏周禮天府疏藝文類聚八十四寶玉部下九十九祥瑞部下文選江賦注爾雅翼十八路史國名紀路史餘論五夢溪筆談二十二記纂淵海四○藝文類聚文選注御覽珍寶部獸部引此文之上並有文王囚於羑里六字

案曰六韜亦說散宜生等獻寶事與此小異

文王以閎夭太公望南宮括散宜生爲四友玉海官制

周文王胥附奔輳先後禦侮謂之四隣以免於羑里之

害懿子曰夫子亦有四隣乎繹史九十五

孔子曰文王得四臣丘亦得四友焉自吾得回也門人

加親是非胥附與自吾得賜也遠方之士日至是非奔

輳與自吾得師也前有輝後有光是非先後與自吾得

由也惡言不入於門是非禦侮與文王有四臣以免虎

口丘亦有四友以禦侮毛詩緜正義○後漢書祭彤傳注引孔子日至是非禦侮邪止

疏附疏作胥奔走走作輳今依改四與字皆作邪又世

說新語卷五品藻注引與後漢書注同孔子集語卷下

引全與亦作邪門作耳又玉海官制人物繹史九十五引至是非禦侮與止又御覽三百六十六人事七節引門亦作耳又小學紺珠節引又文選安陸昭王碑文注引周書與此略同

微子

微子將往朝周過殷之故墟見麥秀之蔪蔪曰此父母之國宗廟社稷之所立也志動心悲欲哭則為朝周俯泣則婦人推而廣之作雅聲文選魏都賦辨亡論下注歌曰麥秀蔪蔪兮黍禾䁅䁅彼狡童兮不我好兮文選思舊賦注

注 狡童謂紂文選宣德皇后令注引鄭元曰

微子朝周過殷故墟見麥秀之蔪蔪兮禾黍之䁅䁅也曰此故父母之國乃為麥秀之歌曰麥秀漸漸兮禾黍

油油彼狡童兮不我好仇學齋佔畢卷二

案曰文選思舊賦注引歌作黍禾曬曬於韻不協非也蓋緣篇首云云而誤當從學齋佔畢所引作油油與仇協韻禮記樂記正義引黍禾之油油爲箕子歌亦誤曲阜孔廣林說

史繩祖云史記尚書傳所載之歌只差末句一句惟書傳序與歌蔪蔪蔪蔪曬曬不同宋玉笛賦枚乘七發皆作麥秀蔪兮注麥芒也字之稍差不爲要切但史記以爲箕子而書大傳以爲微子且稱父母之國尤爲有理不知司馬何所據而與書傳抵梧耶

尚書大傳卷一

番禺陶福祥校字

尚書大傳卷二

漢伏勝撰　鄭康成注　福州陳壽祺輯校

周傳

大誓　案曰洛誥傳曰周書自大誓就召誥而盛於洛誥然則今文周書首大誓也

唯四月太子發上祭于畢下至于孟津之上　注　四月周四月也發周武王也卒父業故稱太子也乃告於司徒司馬司空諸節亢才予無知以先祖先父之有德之臣左右小子予受先公戮力賞罰以定厥功明于先祖之遺太子發升于舟中流白魚入于舟王跪取出俟以燎羣公咸曰休哉　太平御覽百四十六皇親部十二

案曰亢才史記周本紀作信哉才哉古通同年王大理伯申云亢乃允字之誤司馬子長以訓詁改經文故爲信也

八百諸侯俱至孟津白魚入舟尚書孔序正義卷一引書傳有八百諸侯俱至孟津白魚入舟之事與大誓同

武王伐紂觀兵于孟津有火流于王屋化爲赤烏三足御覽百八十一居處部九

周將興之時有大赤烏銜穀之種而集王屋之上者武王喜諸大夫皆喜周公曰茂哉茂哉天下之見此以勸之也恐恃之春秋繁露同類相勸篇引尚書傳言

武王伐紂至于商郊停止宿夜士卒皆歡樂歌舞以待

旦 禮記祭統正義

案日正義云舞莫重于武宿夜者皇氏云師說書傳云云武宿夜其樂名也此據書傳釋武宿夜最確

王升舟入水鼓鐘惡觀臺惡將舟惡宗廟惡【注】惡皆爲亞亞次也觀臺靈臺知天時占候者也宗廟遷主 周禮肆師注引尙書傳十七字惡仍作亞儀禮經傳通解續因事之祭卷二十六上引傳注

案日周禮肆師疏日王升舟以下者謂說武王於文王受命十一年觀兵之時武王於孟津渡河升舟入水在前鐘鼓亞亞王舟後觀臺亞者觀臺可以望氣祥亞鼓鐘後將舟亞者以社主主殺戮而軍將同故名社主爲將將舟亞在觀臺後宗廟亞者宗廟則遷主也亞在將舟後

惟丙午王逮師前師乃鼓鼗譟師乃慆前歌後舞【注】慆喜也衆大喜前歌後舞也 御覽四百六十七人事部一百八引傳注全惟前師無前

字此句六字又見周禮大司馬注
又御覽五百七十四樂部十二
案日周禮大司馬注引書日前師乃鼓鼓譟賈疏云
書傳文彼說武王伐紂事隸釋魏大饗碑士有抃譟
之歡民懷惠康之德抃譟與鼓譟同文選二十一秋
胡詩注引班彪冀州賦日感梟藻以進樂兮後漢書
杜詩傳士卒梟藻劉陶傳武旅有梟藻之士錢詹事
大昕廿二史考異日梟藻即鼓譟也王逸楚詞章句
日武王三軍人人樂戰並馳驅赴敵爭先前歌後舞
梟譟讙呼惠徵君棟後漢書補注日鼓譟漢人讀爲
梟譟言如梟梟之譟呼杜詩劉陶傳又作梟藻釋云如
梟之戲於藻非尚書之義也壽祺謂鼓譟梟藻字別
而聲義同此或歐陽夏侯之異李賢後漢書注言如
梟之戲於藻所謂望文生義差之遠矣蔡邕集上加
元服與羣臣上壽表云臣等不勝踊躍梟藻魏志文
帝紀注臣妾遠近莫不梟藻此亦均本大傳用爲讙
呼之義矣顏延年秋胡詩梟藻馳日成似與李賢注
同意亦失之又案藝文類聚引樂緯稽耀嘉日武王
承命興師誅於商萬國咸喜軍渡孟津
前歌後舞是書傳所說伐紂之事也

丕天之大律〔注〕云律法也奉天之大法唐律疏義卷一又翻譯名義集九卷

案曰漢書郊祀志引大誓曰正稽古立功立事可以永年丕天之大律是此五字乃古文大誓詞而大傳載之也

大戰篇

武王與紂戰於牧之野紂之卒輻分紂之車瓦裂紂之甲魚鱗下賀乎武王文選宣德皇后令注引至此與作伐牧之野無之字魚作如乎作于王下有也字紂死武王皇皇若天下之未定召太公而問曰入殷奈何太公曰臣聞之也愛人者兼其屋上之烏此句又引見毛詩名物解八不愛人者及其胥餘〔注〕胥餘里落之壁何

如武王曰不可召公趨而進曰臣聞之也有罪者殺無罪者活咸劉厥敵毋使有餘烈何如武王曰不可周公趨而進曰臣聞之也各安其宅各田其田毋故毋私惟仁之親後漢書申屠剛傳引武王入殷周公曰各安其宅各田其田無故無新惟仁之親何如武王曠乎若天下之已定遂入殷封比干之墓表商容之閭發鉅橋之粟散鹿臺之財歸傾宮之女又引見後漢書郎顗傳注而民知方曰王之於仁人也死者封其墓況於生者乎王之於賢人也亡者表其閭況於在者乎王之於財也聚者散之況於復藉乎王之於色也在者歸其父母況於復徵乎通鑑前編武王十三年引全○又記纂淵海六十一引太公曰愛人者兼其屋上之

烏注出尚書大傳大戰篇是此篇皆大戰篇之文也○記纂淵海又引憎人者惡其胥餘

案曰說苑貴德篇韓詩外傳三載太公召公周公之語與此略同

大戰篇云太公曰罵女毋歎唾女毋乾毋歎毋乾是謂艱難 吳曾能改齋漫錄卷二引尚書大傳大戰篇

洪範

武王勝殷繼公子祿父【注】武庚字祿父 尚書洪範序正義引鄭云

武王勝殷繼公子祿父【注】祿父紂之子也釋箕子囚箕子不忍周之釋走之朝鮮【注】誅我君而釋己嫌苟免也 此注惟見通鑑前編 武王聞之因以朝鮮封之【注】朝鮮今樂浪郡

箕子既受周之封不得無臣禮故於十三祀來朝 太平御覽

卷七百八十四夷部一又通鑑前編引書洪範大傳自首至封之止並注又御覽二百一封建部四路史後紀十二並節引

汨亂也華嚴經第七十八音義卷下〇案日此疑洪範傳汨陳五行之訓

水火者百姓之所飲食也金木者百姓之所興作也土者萬物之所資生也是爲人用尚書洪範正義引書傳

八政何以先食傳曰食者萬物之始人事之本也故八政先食尚書洪範正義文選藉田賦注又白帖食御覽八百四十七飲食部五

洪範曰不叶于極不罹于咎毋侮鰥寡而畏高明困學紀聞卷二引大傳

聖人在上其君子不誦無用之言其工不作無用之器

其商不通無用之物御覽四百一人事部四十二

聖人者民之父母也母能生之父能教之能誨之聖王曲備之者也能生之能食之能教之能誨之也爲之城郭以居之爲之宮室以處之爲之庠序學校以教誨之爲之列地制畝以飲食之故書曰作民父母以爲天下王此之謂也御覽四百一人事部四十二

晦而月見西方謂之朓【注】朓條也條達行疾貌朓則侯王其荼【注】荼緩也朔而月見東方謂之側匿【注】側匿猶縮縮行遲貌側匿則侯王其肅【注】肅急也日君象也月臣象也君政急則日行疾月行徐臣逡遁不進君政緩

則日行徐月行疾臣放恣也太平御覽四引傳注全注君政緩上誤衍朓則侯王其徐徐緩也十字又誤茶爲徐今刪〇又周禮保章氏疏引傳又散見文選元皇后哀策文月賦舞賦注藝文類聚一穀梁傳序疏後漢書蔡邕傳注〇文選月賦注引鄭注作朓條達行疾貌也元皇后哀策文注引鄭注作朓猶條達也當从之側匿猶縮縮當作猶縮朒

案曰文選舞賦注引鄭氏尙書五行傳注闇跳行疾皃是鄭注條達一作闇跳也側匿一作朒一作朏說文朏月未成之名晦而月見西方謂之朓朔而月見東方謂之縮朒此則側匿與縮朒聲近義一也漢書五行志晦而月見西方謂之朓朔而見東方謂之仄匿仄匿則侯王其肅朓則侯王其舒劉向以爲朓者疾也君舒緩則臣驕慢故日行遲而月行疾也仄匿者不進之意君肅急則臣恐懼故日行疾而月行遲不敢迫近君也不舒不急以正失之者食朔日劉歆以爲舒者侯王展意顓事臣下促急故月行疾也肅者王侯縮朒不任事臣下弛縱故月行遲也當春秋時侯王率多縮朒不任事故食二日仄匿者十八食

晦日朓者一此其效也案此漢志據伏生書傳爲說仄匿并作仄慝字之譌而劉歆則作縮朒側匿猶縮朒也孟康注漢書曰朓者月行疾在日前故早見仄匿者行遲在日後當没而再見是也蔡卞毛詩名物解禮曰大明生於東月生於西葢朔而月出西方夕見暮見也故王者早見曰朝暮見曰夕義取諸此所謂朝夕放於日月者也至望然後出於東方夕見向書大傳以爲晦而月見西方謂之朓朔而月見東方謂之朒葢言異也又事文類聚亦引尚書大傳晦而月見西方謂之朓朔而月見東方謂之朏諸書所引朓朒朏閒跳側匿縮朒各字每相互異攷後漢書盧植傳植上封事諫曰臣聞日晦而月見謂之朓王侯其舒李賢注五行傳劉向所著字與此小異然則伏劉諸本固有别矣惟朏與朓異宅書朓作朏者誤

洪範五行傳

維王后元祀（注）王謂禹也后君也祀年也禹始居攝爲君之元年也注又見通鑑前編

帝令大禹步于上帝（注）帝舜也

步推也于於也上帝謂天也令禹推演天道謂觀得失

反覆也【注】注又見玉海又文選演連珠注引步推也又通鑑前編引注末句 維時洪祀六

沴用咎于下【注】用此時始大祀六沴之用咎于下者用

極□□□□□□其祀之□□也案曰文淵閣本儀禮通解續此注用作言

始上有禹字者下有咎凶也民其祀之令消也十字 是用知不畏而神之怒【注】而

乃也舜任禹禹能治其道□無其神舜知禹敬神之怒

可知也若六沴作見若是共禦【注】若順也共讀曰恭禦

止也帝用不差神則不怒【注】□□也舜見禹知人□□

□之無復疑也五福乃降用章于下八字又見周禮疾醫疏【注】降

下也章明也若六沴作見若不共禦六代既侵六極其

下注侵陵也庶幾□□行罰殺萬物也□□□□□□□□凶也禹乃共辟厥德受命休令注□□厥其也休美也禹於是恭明□□□□孳孳受舜之美令奉行之爰用五事建用王極注王極或皆爲皇極初禹治水得神龜負文於洛於以盡得天人陰陽之用至是奉帝命而陳之也案曰注初禹以下至末據通鑑前編引補儀禮通解續無長事注長猶君也一曰貌貌之不恭是謂不肅注肅敬也君貌不恭則是不能敬其事也案曰此注儀禮通解續缺貌不能敬事也六字據續漢書五行志及注補下同厥咎狂注君臣不敬則倨慢如狂矣案曰儀禮通解續注缺君倨二字據續漢志補厥罰常雨注貌曰木木主春春氣生生氣失

則踰其節故常雨也案曰儀禮通解續缺注貌氣失則四字據續漢志補厥極惡注生氣失故於人則爲惡案曰厥極惡注續漢志儀禮通解續並缺見文獻通考卷八十八郊社考時則有服妖注服貌之飾也時則有龜孽注龜蟲之生於水而游於春者也屬木時則有雞禍注雞畜之有冠翼者也屬貌時則有下體生于上之痾注痾病也貌氣失之病也時則有青眚青祥注青木色也眚生於此祥自外來也維金沴木注沴殄也凡貌言視聽思心案曰思心二字儀禮通解續無據續漢志注增一事失則逆人之心人心逆則怨木金水火土氣爲之傷傷則衝勝來乘殄之於是神怒人怨將爲禍亂故五行先見變異以譴告人也及

妖孽禍痾眚祥皆其氣類暴作非常爲時怪者也各以物象爲之占也案曰自貌之不恭至惟金沴木傳注全節並見續漢書五行志及劉昭注文獻通考郊祀考次二事曰言言之不從是謂不艾案曰艾各本多作乂據漢書五行志文獻通考引作艾注艾治也君言不從則是不能治其事也厥咎僭注君臣不治則僭差矣厥罰常陽案曰漢志續漢志引並作陽蓋今文也各本作暘乃改從古文非注言曰金金主秋秋氣殺殺氣失故常陽也案曰注言曰金三字續漢志缺據文獻通考卷八十八引增厥極憂注殺氣失故於八爲憂時則有詩妖注詩之言志也時則有介蟲之孽注蟓蠡蜩蟬之類蟲之生於火而藏於秋者也屬金案曰注蟲之二字續漢志缺據文獻通考引增時則有犬禍注犬畜

之以口吠守者也屬言時則有口舌之痾【注】言氣失之病時則有白眚白祥維木沴金案曰惟木沴金周禮疾醫太祝疏引木作火當從之作木者誤也○又曰自言之不從至維木沴金傳注全節並見續漢五行志及劉昭注文獻通考郊社考

次三事曰視視之不明是謂不悊【注】悊視瞭也君視不明則是不能瞭其事也厥咎荼【注】荼緩也君視不瞭則荼緩矣案曰注荼緩也三字惟見玉海天文五據增厥罰常奧案曰他書所引多作燠惟續漢志作奧今從之【注】視曰火火主夏夏氣長長氣失故常奧也厥極疾【注】長氣失故於人爲疾時則有草妖【注】草視之物可見者莫衆於草案曰文獻通考引注無草視之三字時則有倮蟲之孽【注】蠶螟蟲之類蟲之生於火而藏於秋者也時則有

羊禍【注】羊畜之遠視者也屬視時則有目痾時則有赤眚赤祥維水沴火案曰自視之不明至維水沴火傳注全節並見續漢志及劉昭注文獻通考郊社考次四事曰聽聽之不聰是謂不謀【注】君聽不聰則是不能謀其事也厥咎急【注】君臣不謀則急矣厥罰常寒【注】聽曰水水主冬冬氣藏藏氣失故常寒也厥極貧【注】藏氣失故於人爲貧時則有鼓妖【注】鼓聽之應也時則有魚孽【注】魚蟲之生於水而游於水者也時則有豕禍【注】豕畜之居閑衛而聽者也屬聽時則有耳痾【注】聽氣失之病時則有黑眚黑祥維火沴水案曰維火沴水周禮疾醫大祝疏引火作土當從之○自聽之不聰至維火沴水傳注全節並見續漢五行志及劉昭注文獻通考郊社考

次五事曰思心思心之不容是謂不聖【注】容當爲睿睿通也心明曰聖孔子說休徵曰聖者通也兼四而明則所謂聖聖者包貌言視聽而載之以思心者通以待之君思心不通則是非不能心明其事也案曰思心之不容此節注續漢志鈌見文獻通考厥咎霿【注】霿冒也君臣心有不明則相蒙冒矣案曰霿文獻通考引作雺非今從漢書五行志續漢五行志所引厥罰常風【注】思心曰土土王四時主消息生殺長藏之氣風亦出內雨陽寒奧之微皆所以殖萬物之命者也殖氣失故常風厥極凶短折【注】殖氣失則於人爲凶短折未齔曰凶未冠曰短未昬曰折案曰厥極凶短折注儀禮通解續鈌見文獻通考郊社考時則有脂

夜之妖【注】夜讀曰液時則有華孽【注】華當爲夸今訂譌之生於土而遊於土者時則有牛禍【注】地厚德載物牛畜之任重者也屬思心案曰注地厚德載物五字惟見禮記月令正義今據補屬思心三字文獻通考引缺他本或作屬王極亦誤惟月令正義作屬思脫心字今據正義以上下文定補時則有心腹之痾【注】思心氣失之病時則有黃眚黃祥維木金水火沴土【注】志論皆言君不寬容則地動乎或疑焉今四行來沴土地乃動臣下之相帥爲畔逆之象君不通於事所致也以爲不寬容亦皆爲陰勝陽臣强君之異案曰自思心之不容至惟木金水火沴土傳並見漢志續漢志鄭注全節惟見文獻通考郊祀考及禮記月令正義續漢志缺鄭注志論謂漢書五行志劉向等五行傳論也王之不極是謂不建

案曰王字漢志續漢志並作皇劉昭注云尙書大傳作王文獻通考玉海引同【注】王君也不名體而言王者五事象五行則王極象天也人法天元氣純則不可以一體而言之也天變化爲陰爲陽覆成五行經曰歷象日月星辰敬授民時論語曰爲政以德譬如北辰是則天之逼於人政也孔子說春秋曰政以不由王出不得爲政則是王君出政之號也極中也建立也王象天以性情覆成五事爲中和之政也王政不中則是不能立其事也案曰王之不極以下至星辰逆行注見續漢五行志劉注惟注人法天至而言之也續漢志缺見文獻通考

厥咎瞀【注】瞀與思心之咎同耳故子駿傳曰瞀眊眊亂也君臣不立則上下亂矣案曰瞀漢志續

漢志引並作眊劉昭注云尚書大傳作瞀鄭注引劉子駿五行傳以眊釋瞀是也文獻通考郊社考引作霿與思心傳同非續漢志注引此注脫子駿二字今從文獻通考厥罰常陰注王極象天天陰養萬物養氣失故常陰也厥極弱注天爲剛德剛氣失故於人爲弱易曰貴而无位高而无民賢人在下位而无輔此之謂弱或云懦不毅也案曰續漢志注引此注毅作敬誤時則有射妖注射王度之極也射人將發矢必先於此儀之發矢則必中於彼矣君將出政亦先於朝廷度之出則應於民心射其象也時則有龍蛇之孽注龍蟲之生於淵行於無形游於天者也屬天蛇龍之類也或曰龍無角者曰蛇時則有馬禍注天行健馬畜之疾行者

也屬王極時則有下人伐上之痾（注）夏侯勝說伐宜爲代書亦或作代陰陽之神曰精氣情性之神曰魂魄君行不由常侜張無度則魂魄傷也王極氣失之病也天於不中之人恆耆其味厚其毒增以爲病將以開賢代之也春秋傳所謂奪伯有魄者是也不名病者病不著於身體也案曰注味厚其三字續漢志注無見儀禮通解續二十六文獻通考郊社考○自時則有龜孽注龜蟲之生至時則有下人伐上之痾注情性之神曰魂魄儀禮通解續二十六并缺引今據續漢五行志注文獻通考引補時則有日月亂行星辰逆行（注）亂謂薄食鬭竝見逆謂贏縮反明經天守舍之類也不言沴天天至尊無能沴之者離逢非沴維鮮之功謂此也案曰續漢五行志注

引此節注王君也至守舍之類也鈌不言診天至謂此也二十三字見儀禮通解續二十六 維五位復建辟厥診【注】君失五事則五行相診違其位復立之者當明其吉凶變異則知此爲貌邪言輒改過以共禦之至司之口月又必齋肅祭祀以撫其神則凶咎除矣不言六位天不違其位也 案曰注君失五事至不違其位也見儀禮通解續○案又曰貌邪言下有脫文當以言視聽思心之失與貌邪並列也文獻通考引此注亦略今無從補 曰二月三月維貌是司四月五月維視是司六月七月維言是司八月九月維聽是司十月十一月維思心是司十二月與正月維王極是司【注】司主也此月數夏數也夏數得天之正乎或疑焉此用五事之次則四月五月主視

六月七月主言非也□五行王相之次則八月九月主聽十月十一月主思心亦非也子駿傳曰二月三月維貌是司四月五月維視是司六月七月惟思心是司八月九月惟言是司十月十一月維聽是司十二月與正月維王極是司於四時之氣似近其類也凡六沴之作歲之朝月之朝日之朝則后王受之歲之中月之中日之中則公卿受之歲之夕月之夕日之夕則庶民受之

注 自正月盡四月爲歲之朝自五月盡八月爲歲之中自九月盡十二月爲歲之夕上旬爲月之朝中旬爲月之中下旬爲月之夕平旦至食時爲日之朝禺中至日

昳爲日之中下側至黃昏爲日之夕受之受其凶咎也其二辰以次相將其次受之【注】二辰謂日月也假令歲之朝也日月中則上公受之日月夕則下公受之歲之中也日月朝則孤卿受之日月夕則大夫受之歲之夕也日月朝則上士受之日月中則下士受之其餘差以尊卑多少則悉矣案曰注歲之中也四字則孤卿受之五字日月夕則四字儀禮通解續文獻通考引並脱惟續漢五行志注具今據補星辰莫同【注】莫夜也星辰之變夜見亦與晝同初昏爲朝夜半爲中將晨爲夕或曰將晨爲朝初昏爲夕也是離逢非沴維鮮之功【注】離憂也逢見也是謂憂見之象非沴也言五行非能沴天者也

鮮殺也功成也維凶咎之殺已成故天垂變異以示人也禦貌于喬忿【注】止貌之失者在於喬忿也驕忿者是不恭之形也喬忿謂若傲佷明德忿戾無期之類也案曰注謂若上惟儀禮通解續重喬忿二字以其月從其禮祭之參乃從【注】從順也三祭之其神乃順不怒也禦言于訖衆以其月從其禮祭之參乃從【注】訖止也止言之失者在於去止衆止衆者是不從之刑也止衆謂若周威厲王弭謗以障民口之類也禦視于忽似以其月從其禮祭之參乃從【注】止視之失者在於去忽似忽似者是不明之刑也忽似謂若亂於是非象龔滔天及不辨鹿馬之類也案曰注謂

若上惟儀禮通解續重忽似二字禦聽于怵攸以其月從其禮祭之參乃從【注】怵讀爲猷不猶之猶攸讀爲風雨所漂飄之飄止聽之失者在於去怵攸怵攸者是不聰之刑也怵攸謂若老夫灌灌小子蹻蹻誨爾訰訰聽我眊眊之類禦思心于有尤以其月從其禮祭之參乃從【注】尤過也止思心之失者在於去欲有所過欲有所過者是不容之刑也欲有所過謂若昭公不知禮而習小儀不脩政而欲誅季氏之類也案曰注者是不容上儀禮通解續脫有所過三字今增謂若昭公上惟通解續多欲有所過四字禦王極于宗始以其月從其禮祭之參乃從【注】宗尊也止王極之失者在於尊用始祖之法度不

言其惡者人性備於五德得失在斯王不極則五事皆失非一惡也大者易姓小者滅身其能宗始則録延其受命之君承天制作猶天之敎命也故掌祖廟之藏者謂之天府也六沴之禮散齊七日致齊新器絜祀用赤黍三日之朝于中庭祀四方從東方始卒于北方【注】禮志致齊三日周禮凡祭祀前期十日宗伯帥執事卜日是爲齊一旬乃祀也今此致齊即祀者欲得容三祀也葢八日爲致齊期九日朝而初祀亦一旬有一日事乃畢也新器赤黍改過之宜也中庭明堂之庭也或曰朝廷之廷也此祀五精之神其牲器粢盛有常禮記其異

者也不祀天非正月亦以此禮祀此神也案曰太平御覽五百二十四引傳致齊下衍三日二字非儀禮通解續文獻通考引並無玩注則傳不當有此二字一本御覽從東方始下衍自南至西四字亦非通解續通考並無〇御覽引注自禮志至事乃畢也止其祀禮曰格祀注篇名也今亡曰某也方祀曰播國率相行祀注篇中大祝贊主人辭也某天子名也方祀祀四方也播讀曰藩藩國謂侯相助也言諸侯率其常事來助行祭之禮也其祝也案曰祝字他書所引作祀今據御覽五百二十四引改注大祝告神以君悔過之辭也周禮大祝掌六祝之辭以事鬼神祇祈福祥求永貞也曰若爾神靈洪祀六沴是合注神靈謂木精靈威仰火精赤熛怒土精含樞紐金精白招

矩水精叶光紀及木帝太皞火帝炎帝土帝黃帝金帝少皞水帝顓頊木官勾芒火官祝融土官后土金官蓐收水官玄冥皆是也古者生能其事死在祀典配其神而食合猶爲也六沴是神靈所爲也無差無傾無有不正【注】言神靈正直無口類所謂口皆是也若民有不敬事則會批之于六沴【注】若民廣謂天下有過者也事六事也會合也批推也言天下有過神靈亦合內推於六沴天子以天下爲任者也六事之機以縣示我案曰玉海引縣作垂非觀注宜作縣【注】六事貌言視聽思心王極也機天文也天文運轉以縣見六事之變異示我我謂天子我民人無

敢不敬事上下王祀【注】我與民人無敢不敬畏六事上下君祀之所縣示變異者言皆悔過也上君祀靈威仰下君祀太皞之屬也以上自傳首維王后元祀至上下王祀止傳注並見儀禮經傳通解續卷二十六下因事之祭惟五事鄭注不全又文獻通考卷八十八郊社考所禳引同但傳注間有詳略玉海天文五引自傳首至上下王祀惟不引六沴之禮至卒於北方又續漢書五行志引貌之不恭至星辰逆行傳注惟思心之不容至木金水火沴土一節注又引凡六沴之作至其次受之傳注又太平御覽八百七十四咎徵部引傳爰用五事至星辰逆行又五百二十四禮儀部三引六沴之禮至上下王祀傳注卷十七時序部二引凡六沴之作至庶民受之又通鑑前編帝舜三十三載引傳首二句禹乃共辟至建用王極傳注今并合諸書參考〇又周禮疾醫太祝注羊人序官疏文選演連珠注石闕銘注尚書洪範正義禮記月令正義白虎通灾變篇後漢書申屠剛傳注穀梁傳桓十四年注並節引

田獵不宿【注】不宿不宿禽也角主天兵周禮四時習兵因以田獵禮志曰天子不合圍諸侯不掩羣過此則暴天物爲不宿禽角南有天庫將軍騎官飲食不享【注】享獻也禮志曰天子諸侯無事則歲三田一爲乾豆二爲賓客三爲充君之庖周禮獸人冬獻狼夏獻麋春秋獻獸物此獻禮之大略也出入不節【注】角爲天門房有三道出入之象也奪民農時【注】房心農時之候也季冬之月命農師計耦耕事是時房心晨中春秋傳曰辰爲農祥后稷之所經緯也及有姦謀【注】亢爲朝廷房心爲明堂謀事出政之象則木不曲直【注】君行此五者爲逆天

東宮之政東宮於地爲木木性或曲或直人所用爲器者也無故生不暢茂多有折槁是爲木不曲直木金水火土謂之五材春秋傳曰天生五材民並用之其政逆則神怒神怒則材失性不爲民用其他變異皆屬沴沴亦神怒凡神怒者日月五星既見適於天矣以上傳自田獵不宿至木不曲直見續漢書五行志一注見劉注

棄法律逐功臣注東井主法令也功臣制法律者也或曰喙主尚食七星主衣裳張爲食廚翼主天倡經曰臣作朕股肱耳目予欲左右有民女翼予欲觀古人之象日月星辰山龍華蟲作繢宗彝藻火粉米黼黻絺繡以五采章施于五色作服女明予

欲聞六律五聲八音在治曶以出納五言女聽是則食輿服樂臣之所用爲大功也七星北有酒旗南有天廚翼南有器府殺太子注五行火生土天文以參繼東井四時以秋代夏殺太子之象也春秋傳曰夫千乘之主將廢正而立不正必殺正也以妾爲妻注軒轅爲后妃屬南宮其大星女主之位女御在前妾爲妻之象也則火不炎上注君行此四者爲逆天南宮之政南宮於地爲火火性炎然上行人所用爲亨飪者也無故因見作爇燔熾爲害是爲火不炎上其他變異皆屬沴也以上自棄法律至火不炎上傳並見續漢書五行志二注見劉注○案曰續志引火不炎上傳在金不從革之後今依大

傳五事之次移前又此節傳亦見開元占經水火占篇治宮室飾臺榭內淫亂犯親戚侮父兄則稼穡不成以上傳自治宮室至稼穡不成見續漢書五行志四好攻戰【注】參伐爲武府攻戰之象輕百姓【注】輕之者不重民命春秋傳曰師出不正反戰不正勝也飾城郭【注】昴畢間爲天街甘氏經曰天街保塞孔途道衢保塞城郭之象也月令曰四鄙入保注末七字見御覽咎徵部一侵邊竟【注】畢主邊兵則金不從革【注】君行此四者爲逆天西宮之政西宮於地爲金金性從形而革人所用爲器者也無故治之不銷或入火飛亡或鑄之裂形是爲不從革其他變異皆屬沴也以上傳自好攻戰至金不從革見續漢書五行志四注自參伐爲武府至皆屬

沴也見續志四劉昭注簡宗廟不禱祠注虛危爲宗廟廢祭祀注日在牽牛主祭祀之牲逆天時注日在星紀周以爲正日在斗楞殷以爲正皆不得四時之正逆天時之象也春秋定十五年夏五月辛亥郊譏連卜三正以至失時是其類也則水不潤下注君行此四者爲逆天北宮之政也北宮於地爲水水性浸潤下流人所用灌溉者也無故源流竭絶川澤以涸是爲不潤下其他變異皆屬沴也

以上傳自簡宗廟至水不潤下見續漢書五行志三注自虛危爲宗廟至皆屬沴也並見續志三劉昭注〇又傳田獵不宿以下至末亦見御覽八百七十四咎徵部一無鄭注

東方之極自碣石東至日出榑木之野帝大皞神句芒

司之白冬日至數四十六日迎春於東堂距邦八里堂高八尺堂階八等青稅八乘旂旐尚青田車載弓號曰助天生倡之以角舞之以羽此迎春之樂也孟春之月御青陽左个禱用牡索祀於艮隅貌必恭厥休時雨朔令曰挺羣禁開閉闔通窮室達障塞待優游其禁毋伐林木仲春之月御青陽正室牲先脾設主於戶索祀於震正朔令曰棄怒惡解役罪免優患休罰刑閉關梁其禁田獵不宿飲食不享出入不節奪民農時及有姦謀季春之月御青陽右个薦用鮪索祀於巽隅朔令曰宣庫財和外怨撫四方行柔惠止剛強九門磔禳出疫於

郊以禳春氣南方之極自北戸南至炎風之野帝炎帝
神祝融司之自春分數四十六日迎夏於南堂距邦七
里堂高七尺堂階七等赤稅七乘旂旐尚赤田車載弓
號曰助天養倡之以徵舞之以鼓鼗此迎夏之樂也孟
夏之月御明堂左个嘗麥用彘索祀於巽隅視必明廞
休時爂朔令曰爵有德賞有功惠賢良舉力農其禁毋
隳防仲夏之月御明堂正室牲先肺設主於竈索祀於
離正朔令曰振貧窮惠孤寡慮休疾出大祿行大賞其
禁棄法律逐功臣殺太子以妾爲妻乃令民雩季夏之
月御明堂右个牲先心設主於中霤索祀於坤隅思必

膚案曰膚當爲容厥休時風朔令曰起毀宗立無後封廢國立賢輔卹喪疾中央之極自昆侖中至大室之野帝黄帝神后土司之土王之日禱用牲迎中氣於中室樂用黄鍾之宫爲民祈福命世婦治服章令民口虐案曰虐字有誤盧氏本缺此字其禁治宫室飾臺榭内淫亂犯親戚侮父兄西方之極自流沙西至三危之野帝少皞神蓐收司之自夏日至數四十六日迎秋於西堂距邦九里堂高九尺堂階九等白稅九乘旌旗尚白田車載兵號曰助天收唱之以商舞之以干戚此迎秋之樂也孟秋之月御總章左个嘗穀用犬索祀於坤隅言必從厥休時暘案曰暘當作陽

朔令曰審用法備盜賊禁姦邪飭羣牧謹貯聚其禁毋弛戎備仲秋之月御總章正室牲先肝設主於門索祀於兌正朔令曰謹功築遏溝瀆修囷倉決刑獄趣收斂其禁好攻戰輕百姓飾城郭侵邊竟乃令民畋醵庶甿畢入于室曰時殺將至毋羅其菑季秋之月御總章右个薦用田禽索祀於乾隅朔令曰除道路守門閭陳兵甲戒百官誅不法除道成梁以利農夫北方之極自丁令北至積雪之野帝顓頊神玄冥司之自秋分數四十六日迎冬於北堂距邦六里堂高六尺堂階六等黑稅六乘旗旄尚黑田車載甲鐵號曰助天誅唱之以羽舞

之以干戈此迎冬之樂也孟冬之月御𢀖堂左个祈年用牲索祀於乾隅聽必聰厥休時宾朔令曰申羣禁修障塞畢積聚繫牛馬收澤賦其禁毋作淫巧仲冬之月御𢀖堂正室牲先腎設主於井索祀於坎正朔令曰按外徒止夜樂誅詐僞省醞釀謹閉關其禁簡宗廟不禱祀廢祭祀逆天時乃令民罷土功季冬之月御𢀖堂右个薦用魚索祀於艮隅朔令曰省牲牷修農器收秸薪築囹圄謹蓋藏乃大儺以禳疾命國爲酒以合三族君子說小人樂以上自東方之極至此見明黃佐六藝流別卷十七五行篇

案曰六藝流別全載五行傳一篇自雒王后元祀至上下王祀下即接東方之極云云至小人樂惟無六

沴之禮至卒於北方之節及田獵不宿至水不潤下一節篇題下云伏生尙書大傳紀帝舜命禹攝政初祀事盧氏本與六藝流別同而多六沴之禮一節及末田獵不宿至水不潤下一節今以盧本末一節咎徵移置東方之極云云之前於文爲順

案又曰此節據六藝流別明云帝舜命禹攝政初祀事確是伏書然其文頗不類伏書又時與伏書相復他書亦無有稱引者惟皇覽稱逸禮與此大同皆可疑也

大誥

書曰民儀有十夫 困學紀聞卷二

周公先謀於同姓同姓從謀於朋友朋友從然後謀於天下天下從然後加之蓍龜是以君子聖人謀義不謀不義故謀必成卜義不卜不義故卜必吉以義擊不義

故戰必勝是以君子聖人謀則吉戰則勝太平御覽四百五十八人事部九十一○又六藝流別卷二十

金縢

案曰葉夢得云伏生大傳以天地四時為七政以金縢作於周公歿後

武王殺紂毛詩邶鄘衛譜正義引此下有立武庚三字而繼公子祿父注繼者以武庚為商後也使管叔蔡叔監祿父注不及霍叔者蓋赦之也武王死成王幼周公盛養成王注盛猶長也使召公奭為傅周公身居位聽天下為政通鑑前編引為作之管叔疑周公毛詩邶鄘衛譜豳風破斧正義左傳定四年正義並引此傳管蔡流言是管叔下當有蔡叔二字御覽無之宜據詩疏增流言于國曰公將不利于王奄君薄

姑（注）元或疑焉薄姑齊地非奄君名也謂祿父曰武王既死矣今王尚幼矣毛詩左傳正義引此句作成王幼周公見疑矣此世之將亂也毛詩左傳正義引此句作百世之時也請舉事（注）言周弱且不和欲伐之而復政也然後祿父及三監叛也周公以成王之命殺祿父太平御覽六百四十七刑法部十三又御覽封建部四四夷部一刑法部七毛詩邶鄘衛譜豳風破斧齊譜左傳定四年諸正義通鑑前編成王二年繹史二十二遂踐奄踐之云者謂殺其身執其家瀦其宮毛詩豳風破斧正義經典釋文成王政序下

案曰曲阜孔氏廣林本以遂踐奄云云入成王政篇恐非

成王幼在襁褓毛詩斯干正義引書傳說成王之幼云在襁褓襁褓小兒被也

案曰在穠祿三字當在上傳成王幼之下

周公致政封魯老于周心不敢遠成王欲事文武之廟公疾曰吾死必葬成周示天下臣於成王及死成王葬之畢而云示天下不敢臣故公封於魯身未嘗居魯路史後紀十高辛紀下注○又詩地理考五引周公封於魯未嘗居魯也案曰荀子儒效篇周公歸周反籍於成王而天下不輟事周楊倞注周公所封畿內之國亦名周春秋周公黑肩蓋其後也言周公自歸其國也此周公老於周之事

三年之後此句上當依路史所引增周公致政封魯六字周公老于豐心不敢遠成王而欲事文武之廟然後周公疾曰吾死必葬於成周示天下臣於成王成王曰周公生欲事宗廟死欲

聚骨於畢畢者文王之墓也故周公薨成王不葬於成周而葬之於畢示天下不敢臣也所以明有功尊有德故忠孝之道咸在成王周公之間故魯郊成王所以禮周公也通鑑前編成王十一年○又儀禮經傳通解續卷五喪大記上注節引

周公疾曰吾死必葬於成周示天下臣於成王也周公死案曰此下當依儒林傳注增成王欲葬之於成周八字天乃雷雨以風禾盡偃大木斯拔國恐案曰當依漢書儒林傳注引作國人大恐王與大夫開金縢之書執書以泣曰周公勤勞王家予幼人弗及知乃不葬於成周而葬之於畢示天下不敢臣漢書梅福傳注

周公死成王欲葬之於成周天乃雷雨以風禾盡偃大

本斯拔國人大恐王乃葬周公於畢示不敢臣也漢書儒林傳注○又後漢書張奐傳注雨作雹

嘉禾案日漢藝文志攷證云大傳序又有嘉禾揜誥今本闕

成王之時有三苗貫桑葉而生同爲一穗其大盈車長幾充箱民得而上諸成王尚書歸禾序正義

成王時有苗異莖而生同爲一穟人有上之者王召周公而問之公曰三苗爲一穟抑天下共和爲一乎果有越裳氏重譯而來太平御覽八百三十九百穀部三○又初學記二十七草部又記纂淵海卷四引並無末九字記纂作異畝同穗初學記穟並作穗拔而貢之尚書歸禾序正義

案曰尚書正義引成王之時云云又引下傳云拔而貢之其文不備今盧本大傳有越裳氏上有拔而貢之之文王之廟八字記纂淵海卷四引孫氏瑞應圖曰周時嘉禾三本同穗貫桑而生其穗盈箱生於唐叔之國以獻周公曰此嘉禾也太和氣之所生焉此文王之德乃獻文王之廟據此則大傳當有拔而貢之文王之廟之語而書疏僅存上四字餘無所徵因錄瑞應圖之文以備攷記纂淵海又引大傳嘉禾莖長五尺三十五穗恐非大傳文不錄

交阯之南有越裳國周公居攝六年制禮作樂天下和平越裳以三象重譯而獻白雉曰道路悠遠山川阻深音使不通故重譯而朝成王以歸周公公曰德不加焉則君子不饗其質（注）質亦贄也政不施焉則君子不臣其人吾何以獲此賜也其使請曰吾受命吾國之黃耇

曰久矣天之無烈風澍雨意者中國有聖人乎有則盍往朝之周公乃歸之於王稱先王之神致以薦於宗廟周德既衰於是稍絶太平御覽七百八十五四夷部六○又御覽天部九後漢書馬融傳注文選王元長曲水詩序注事類賦三

成王之時越裳重譯而來朝曰道路悠遠山川阻深恐使之不通故重三譯而朝也注鄭元曰欲其轉相曉也文選應吉甫華林園集詩注

案曰御覽引但云重譯文選應吉甫詩注引作重三譯王元長文注引作重九譯

周公辭不受曰正朔不施則君子不臣也通典七十四賓禮一

正朔所不加君子所不臣白虎通卷三王者不臣篇

周公謂越裳之譯曰德澤不加焉則君子不享其質政令不施焉則君子不臣毛詩臣工正義

案詩疏引此較御覽多澤字令字惟白虎通通典引政令作正朔當是傳本各異

久矣天之無烈風澍雨【注】暴雨也御覽十天部七

案曰御覽天部一本引作天之無烈風東西南北來也下六字當是注文誤入傳

案又曰劉勰文心雕龍云尚書大傳別風淮雨帝王世紀作列風淫雨列淫義當而不奇別淮理違而新異乃謂大傳字作別淮故御覽先引尚書說曰淮雨注淮暴雨之名也下又引尚書大傳曰久矣天之無烈風澍雨注暴雨也兩書兩注各不同則尚書說非伏氏大傳而大傳作澍不作淮明矣御覽四夷部六又引作注字此寫誤也藝文類聚天部引作烈風迅雨亦非而烈字諸書不異鄭君亦無注則大傳作烈不作別又明矣恐彥和適見誤本大傳執以爲說未可據也尚書舜典正義毛詩蓼蕭序周頌譜正義並

引作烈風淫雨則唐人因彥和之語改從帝王世紀並易淫爲霪耳毛詩周頌譜正義引越裳作越常裳常古通疑大傳舊本如此

康誥

周公將作禮樂優游之三年不能作君子恥其言而不見從恥其行而不見隨將大作恐天下莫我知也將小作恐不能揚父祖功業德澤然後營洛以觀天下之心於是四方諸侯率其羣黨各攻位於其庭周公曰示之以力役且猶至況導之以禮樂乎然後敢作禮樂書曰作新大邑于東國洛四方民大和會此之謂也毛詩周頌譜正義○又禮記明堂位正義尚書康誥正義文選聖主得賢臣頌注並節引

書曰惟乃丕顯考文王克明俊德困學紀聞卷二天之命文王非啍啍然有聲音也文王在位而天下大服施政而物皆聽命則行禁則止動搖而不逆天之道故曰天乃大命文王文王受命一年斷虞芮之質二年伐于三年伐密須四年伐畎夷五年伐耆六年伐崇七年而崩通鑑外紀卷二○又毛詩文王序正義引文王受命至末云尚書周傳又尚書戡黎正義又通鑑前編紂十七祀引文王受命至伐崇○又文選褚淵碑文注毛詩緜皇矣二雅譜正義左傳襄三十一年正義禮記文王世子正義並節引畎從皇矣正義作禮記正義邘作鬼方誤

注畎夷混夷也詩云混夷駾矣四年伐之南仲一行幷平二寇毛詩采薇序正義

案曰毛詩皇矣正義云混夷書傳作畎夷蓋畎混聲相近或作犬夷則畎字之省也二雅譜正義引作昆

喪禮記文王世子正義引作鬼方並誤案又曰通鑑前編紂下有入邘西伯伐邘注引徐廣曰邘城在野王縣西北大傳作于然則大傳邘字作于也史記集解引徐廣記下云音于是史記本作邘不作邢諸家引並作邢非

子夏曰昔者三王慤然欲錯刑遂罰注錯處也遂行也平心而應之和然後行之然且曰吾意者以不平慮之乎吾意者以不和平之乎如此者三然後行之此之謂慎罰太平御覽六百三十五刑法部一

酒誥

天子有事諸侯皆侍尊卑之義注事謂祭祀儀禮特牲饋食疏引書傳康誥云〇曲阜孔廣林云儀禮疏康當爲酒之誤宗室有事族人皆侍終日

大宗已侍於賓奠然後燕私案曰儀禮特牲疏云大宗已侍於賓奠者或有作養或有作餕皆誤以奠爲正也注謂卿大夫以下宗室大宗子之家也

禮志云別子爲祖繼別爲大宗繼禰爲小宗賓僚友助

祭者燕私者何也祭已而與族人飲也儀禮經傳通解卷五五宗傳第七引傳及注又儀禮特牲鄭注毛詩湛露正義尚書酒誥正義並引傳儀禮特牲疏亦引傳及注

宗子燕族人於堂宗婦燕族人於房序之以昭穆儀禮喪服不杖章疏

不醉而出是不親也注出猶去也醉而不出是媟宗也

出而不止是不忠也注忠厚親而甚敬忠而不倦若是

則兄弟之道備備者成也成者成成於宗室也故曰飲而

醉者宗室之意也德將無醉族人之意也是故祀禮有讓德施有復義之至也注復反也儀禮經傳通解卷五五宗第七引傳注連上宗室有事至族人飲也爲一條

古者聖帝之治天下也五十以下非蒸社不敢遊飲在六十以上遊飲也大戴禮四曾子立事篇盧注

王曰封惟曰若圭璧困學紀聞卷二漢藝文志攷證一

案曰王伯厚以此傳八字爲尚書之逸文考今文與古文章句多寡異同非止一二酒誥篇有王曰封我聞惟曰在昔殷先哲王之語大傳所引疑或此處之異文未必爲逸句也

梓材

案曰金履祥尚書表注案大傳今文當有周公曰而無封字又云梓材伏生今文作周公敎伯禽之書逌

鑑前編成王七年載梓材云按伏生今文當作周公日而無封字又云按梓材之書伏生大傳以爲周公命伯禽之書又云梓材之事伏生誤以爲周公命伯禽之書大傳所說喬梓之事固非梓材之本意然以爲周公命伯禽之書則篇首當有周公日之語無王日封之語矣

伯禽與康叔見周公三見而三笞之康叔有駭色謂伯禽曰有商子者賢人也與子見之乃見商子而問焉商子曰南山之陽有木焉名喬二三子往觀之見喬實高高然而上反以告商子商子曰喬者父道也南山之陰有木焉名梓二三子復往觀焉見梓實晉晉然而俯反以告商子商子曰梓者子道也二三子明日見周公入門而趨登堂而跪周公迎拂其首勞而食之曰爾安見

君子乎世說新語注卷七排調

伯禽與康叔朝於成王見乎周公三見而三笞之二子有駭色乃問於商子曰吾二子見於周公三見而三笞之何也商子曰南山之陽有木名橋南山之陰有木名梓二子盍往觀焉於是二子如其言而往觀之見橋木高而仰梓木晉而俯注晉肅貌此注惟見藝文類聚反以告商子商子曰橋者父道也梓者子道也二子明日復見入門而趨登堂而跪周公迎拂其首而勞之曰汝安見君子乎二子以實告公曰君子哉商子也文選王文憲集序注○又左太沖招隱詩謝靈運經湖中瞻眺詩注引相與觀乎南山之陽又長笛賦注引觀乎南山之陰又藝文類聚八十九節

引晉而俯句作晉然實而俯拂其首而勞之作拂其首勞而食之它書引實而俯無晉然二字又錦繡萬花谷前集卷十六記纂淵海卷九十六藝流別繹史二十一並節引六藝流別南山之陰作北山之陰非

案曰太平御覽五百十八宗親十八引周書說苑建本篇皆與此文略同

伯禽封於魯周公曰於乎吾與女族倫吾文王之爲子也武王之爲弟也今王之爲叔父也吾於天下豈卑賤也豈乏之士也所執質而見者十二委質而相見者三十其未執質之士百我欲盡智得情者千人而吾僅得三人焉案千一本作十以正吾身以定天下是以敬其見者則隱者出矣謹諸乃以魯而驕人可哉尸祿之士猶可驕也正身之士去貴而爲賤去富而爲貧面目黧黑而不失

其所是以文不滅而章不敗也愼諸女乃以魯國而驕

豈可哉○通鑑前編成王元年又外紀用此文

案曰此篇盧氏本入洛誥蓋以爲王命周公後之傳也今以類入梓材

注贄者所執以至也君子見於所尊敬必執贄以將其厚意也十八公卿之中也三十八羣大夫之中也百人羣士之中也荀子堯問篇楊倞注引鄭注云

案曰荀子注引鄭注作十八則前編引傳作十二誤

是其好自用也以斂益之也荀子堯問篇注

曲阜孔廣林曰楊倞注荀子堯問篇彼其好自用句云大傳作是其好自用也云云而通鑑前編所載無之葢前編止取後文未經全載當以荀子文參攷

附荀子堯問篇伯禽將歸于魯周公謂伯禽之傅曰女將行盍志而子美德乎對曰其爲人寬好自用以慎此三者其美德已周公曰嗚乎以人惡爲美德乎君子好以道德故其民歸道彼其寬也出無辨矣女又美之彼其好自用也是所以窶小也君子力如牛不與牛爭力走如馬不與馬爭走知如士不與士爭知彼爭者均者之氣也女又美之彼其慎也是其所以淺也聞之曰無越踰不見士見士問曰無乃不察乎不聞卽物少至少至則淺彼淺者賤人之道也女又美之吾語女我文王之爲子武王之爲弟成王之

爲叔父吾於天下不賤矣然而吾所執贄而見者十人還贄而相見者三十人貌執之士百有餘人欲言而請畢事者千有餘人於是吾僅得三士焉以正吾身以定天下吾所以得三士者亡於十人與三十人中乃在百人與千人之中故上士吾薄爲之貌下士吾厚爲之貌人人皆以我爲越踰好士然故士至士至而後見物見物然後知是非之所在戒之哉女以魯國驕人幾矣夫仰祿之士猶可驕也正身之士不可驕也彼正身之士舍貴而爲賤舍富而爲貧舍佚而爲勞顏色黎黑而不失其所以是以天下之紀不

息文章不廢也

召誥

成王在豐欲宅洛邑使召公先相宅六日乙未曲阜孔廣林曰六日上當有脫文王朝步自周則至于豐惟太保先周公相宅注太保召公先周公視洛邑也太平御覽二百六職官部四

洛誥

書曰乃女其悉自學功悉盡也學效也傳曰當其效功也於卜洛邑營成周改正朔立宗廟序祭祀易犧牲制禮樂一統天下合和四海二句又見文選求自試表注而致諸侯皆莫不依紳端冕以奉祭祀者注紳大帶也其下莫不自

悉以奉其上者莫不自悉以奉其祭祀者此之謂也蓋其天下諸侯之志而效天下諸侯之功也廟者貌也以其貌言之也二句又見藝文類聚三十八禮部上宮室中度衣服中制犧牲中辟注辟法也殺者中死割者中理搏弁者爲文注搏弁或爲振非當言拚帚爨竈者有容椓杙者有數注杙者繫牲者也大廟之中繽乎其猶模繡也注言文章之可觀也模所椓文章之範天下諸侯之悉來進受命於周而退見文武之尸者千七百七十三諸侯注八州州二百一十國畿內九十三國此周所因於殷九州諸侯之數天下諸侯以下又見周禮大司徒疏禮記王制正義並引作洛誥傳又見通鑑地理通釋一詩

考補遺皆莫不磬折玉音金聲玉色注玉音金聲言宏殺之調也二句又見文選西都賦詠懷詩箜篌引七啟四子講德論等注然後周公與升歌而弦文武注與諸侯升歌文王武王之德又以琴瑟播之諸侯在廟中者伋然淵其志和其情注伋讀曰播播然變動貌案曰注播當爲播字之誤愀然若復見文武之身然後曰嗟子乎此蓋吾先君文武之風也夫注子成王也案曰王侍郎伯申經義述聞云嗟子猶嗟咨注釋子爲成王非其義也及執俎抗鼎執刀執匕者負廧而歌憤於其情發於中而樂節文注卑賤者尚然而況尊貴者乎故周人追祖文王而宗武王也是故周書自大誓就召誥而盛於洛誥也故其書曰揚文

武之德烈奉對天命和恆萬邦四方民是以見之也孔子曰吾於洛誥見周公之德光明於上下勤施四方旁作穆穆至於海表莫敢不來服莫敢不來享以勤文王之鮮光以揚武王之大訓而天下大治故曰聖之與聖也猶規之相周矩之相襲也〔注〕聖言太祖儀禮經傳通解續二十九

祭義全引傳注○末三句又見文選皇太子釋奠詩注

祭者察也至也言人事至於神也唐王涇大唐郊祀錄卷一注

祭之爲言察也察者至也至者人事也人事至然後祭祭者薦也薦之爲言在也在也者在其道也〔注〕禮志日齋之日思其居處思其笑語思其志意思其所樂思

其所耆齋三日乃見其所爲齋者祭之日入室僾然必有見乎其位周旋出戶肅然必有聞乎其容聲出戶而聽愾然必有聞乎其嘆息之聲是之謂至禮志曰君子生則敬養死則敬饗思終身不忘是之謂在其道太平御覽五百二十四禮儀部三引尚書大傳周傳全又儀禮經傳通解續祭義全引傳注○又藝文類聚禮部上

夏后氏迎於廟庭殷人迎於堂周人迎於戶公羊傳隱二年疏

古者處師八家而爲鄰三鄰而爲朋三朋而爲里五里而爲邑十邑而爲都十都而爲師州十有二師焉注州凡四十三萬二千家此蓋虞夏之數也太平御覽百五十七州郡部三又禮記雜記正義節引傳注云洛誥傳○又藝文類聚八州郡部初學記州郡部廣韻長安志卷二節引○又

玉海二十地理戶口引此注云洛誥

家不盈三口者不朋由命士以上不朋【注】或云黃帝法玉海二十地理戶口

八家爲鄰三鄰爲閭三閭爲里五里爲邑華嚴經第六十七音義卷下末有此虞夏之制也六字蓋音義之文○案日此朋字作閗疑誤

周公攝政一年救亂二年克殷三年踐奄四年建侯衛五年營成周六年制禮作樂七年致政成王隋書李德林傳又通鑑外紀卷三○又尚書康誥正義毛詩邶鄘衛譜豳風譜王城譜周頌譜清廟序等正義周禮序官疏禮記明堂位正義通鑑前編成王五年通志詩地理考並分引

二年克殷【注】誅管蔡及祿父等也毛詩邶鄘衛譜正義

多士

古者百里之國三十里之遂二十里之郊九里之城三里之宮七十里之國二十里之遂九里之郊三里之城一里之宮五十里之國九里之遂三里之郊一里之城以城爲宮遂郊之門執禁以譏異服譏異言【注】予或疑焉周禮匠人營國方九里謂天子城也今大國九里則與天子同春秋傳曰中五之一小九之一以此推說小國大都之城方百步中都之城六十步小都之城三十二步三分之一非也然則大國七里之城次國五里之城小國三里之城焉爲近可也或者天子實十二里之

城諸侯大國九里次國七里小國五里儀禮經傳通解王制之已集傳集注三十三全引傳注傳末十三字或誤人注非又禮書二十四引傳至以城爲宮止引注至末中有脫文又禮記王制正義節引云伏生多士傳文〇又毛詩文王有聲正義周禮典命疏左傳隱元年正義並節引傳注周禮疏引作無逸傳誤又見通典五十三天子之堂廣九雉三分其廣以二爲内五分内以一爲高東房西房北堂各三雉以上又見禮記明堂位正義引作多士傳公侯七雉三分其廣以二爲内五分内以一爲高東房西房北堂各二雉伯子男五雉三分其廣以二爲内五分内以一爲高東房西房北堂各一雉士三雉三分其廣以二爲内五分内以一爲高有室無房堂自首至此又見儀禮釋宮注注廣榮間相去也雉長三丈内堂東

西序之内也高穹高也今士禮有房此云無房堂也其楹天子斲其材而礱之加密石焉二句又見毛詩閟宮正義禮記本脫其材而礱加密石焉八字今補大夫達稜士首本庶人到加注礱礪之也密石砥之也稜菱也天子賁庸注賁大也墻謂之庸大牆正直之牆天子賁庸至此傳注又見初學記二十四居處部太平御覽百八十七居處部十五飾引注末句並作大牆正直也諸侯疏杼注疏猶衰也杼亦牆也言衰殺其上下不得正直大夫有石材注柱下礩也御覽百八十八居處部十六引注柱上多石材二字應補庶人有石承注當柱下而已不外出爲飾也御覽居處部十六引注當上多石承二字應補自首天子之堂至末傳注禮書四十三全引又朱子文集亦引多士傳

案曰漢書鼂錯傳家有一堂二内張晏注二内二房也論衡别通篇富人之宅以一丈之地爲内貧人之宅亦以一丈爲内此與大傳說内之義甚明王伯申侍郎經義述聞曰詩唐風山有樞篇子有廷内大雅抑篇洒掃廷内廷謂中廷内謂堂與室也周官寺人王之正内五人夏小正傳曰燕操泥而就家入人内此皆兼堂室而言之者也尚書大傳天子堂廣九雉三分其廣以二爲内二分其内以一爲高漢書鼂錯傳家有一堂二内史記封禪書有芝生殿房内中續外戚世家女亡匿内中牀下論衡以一丈之地爲内吉驗篇曰光武帝生於濟陽宮後殿第二内中此皆專指室而言之者也案又曰禮記禮器鄭注宮室之飾士首本大夫達稜諸侯斲而礱之天子加密石焉正義引禮緯含文嘉云大夫達稜謂斲爲四稜以達兩端士首本者士斲去木之首本令細與尾頭相應尚書大傳所言天子斲其材而礱之云云本之國語晉語又與禮緯合也然鄭君注大傳以菱訓棱與孔異義案大傳庶人到加到古倒字加當爲茄爾雅荷芙蕖其莖茄其本蔤文選西京賦曰蒂倒茄於藻井披紅葩之狎獵魯靈光殿賦曰圓淵方井反植荷蕖

景福殿賦曰茄蔤倒植吐被芙蕖魏都賦曰綺井列疏以懸蔕華蓮垂葩而倒披李善引薛綜西京賦舊注曰以其莖倒植於藻井其華下向倒披又引風俗通曰今殿作天井井者東井之象也淮南子本經訓木巧之飾菱杼紾抱高誘注菱杼采實紾戾也抱轉也皆壯采相銜貌也案抱當爲鞄廣雅軨鞄轉戾也淮南子又曰橑檐榱題雕琢刻鏤喬枝菱阿夫容芰荷五采爭勝流漫陸離高誘注阿曲屋夫容藕華也芰菱角芰茵也荷夫蕖也據此達菱倒茄爲一類皆宮室之飾殿作天井以象東井菱茄水中之物所以示厭火天子宮殿施於藻井大夫以下惟施於桷而已庶人無垂葩之飾也書傳注義自可通○又案漢書揚雄傳反離騷注師古曰茄亦荷字見張揖古今字詁

毋逸 案曰困學紀聞卷二云高宗亮陰大傳作梁闇

書曰高宗梁闇三年不言何謂梁闇也傳曰高宗居倚廬三年不言百官總己以聽於冢宰而莫之違此之謂

梁闇子張曰何謂也孔子曰古者君薨王世子聽於冢宰三年不敢服先王之服履先王之位而聽焉以民臣之義則不可一日無君矣不可一日無君猶不可一日無天也以孝子之隱乎則孝子三年弗居矣【注】隱痛也字或爲殷故曰義者彼也隱者此也遠彼而近此則孝子之道備矣儀禮經傳通解續十五喪禮義引傳又卷五喪大記上引注

案曰晉書二十禮志杜預等議喪服云至周公旦乃稱殷之高宗諒闇三年不言其傳曰諒信也闇默也預所引書字作諒闇則古文尚書也所引傳解諒闇與大傳異則古文家說也論語作諒陰集解引孔安國注與與預正同今僞孔書傳乃與之合豈僞孔襲用古文家說與禮記作諒闇鄭注以爲因廬從大傳義

高宗有親喪居廬三年然未嘗言國事而天下無背叛之

心者何也及其爲太子之時盡以知天下人民之所好惡是以雖不言國事也知天下無背叛之心太平御覽百四十六皇親部十二

揜誥案曰困學紀聞云大傳之序有揜誥曲阜孔廣林曰案百篇無揜誥疑揜卽奄也成王旣踐奄作成王政揜誥其卽成王政與壽祺案孔君此說甚善然竟以毛詩破斧正義所引大傳遂踐奄云云入此篇恐非今不從而以遂踐奄以下之文入金縢傳殺公子祿父下較合

周傳

古之帝王者必立大學小學【注】禮志曰小學在公宮之左大學在郊使王太子王子羣后之子以至公卿大夫元士之適子十有三年始入小學見小節焉踐小義焉年二十入大學見大節焉踐大義焉故入小學知父子

之道長幼之序入大學知君臣之義上下之位小師取小學之賢者登之大學大師取大學之賢者登之天子天子以爲左右【注】天子當爲太子禮志曰周公居攝踐祚而治亢世子法於伯禽使之與成王居欲使成王之知父子君臣長幼之義所以善成王也太平御覽百四十八皇親部十二〇又禮書四十八四十九御覽六百十三學部七大戴禮保傅傳注禮記王制正義節引尚書周傳各小異

案曰禮記王制正義引尚書周傳云王子公卿大夫元士之適子十五入小學二十入大學是周傳有此文也大戴禮保傅傳注引白虎通曰八歲入小學十五入大學此太子之禮尚書大傳曰公卿之太子大夫元士之適子年十三始入小學見小節而履小義年二十入大學見大節而踐大義此世子入學之期也又曰十五入小學十八入大學謂諸子晚成者至十五入小學其早成者十八入大學盧辯此注分引書

傳而疏通之最爲明晰其書傳後一條十五入小學云云禮記王制正義亦引以爲書傳略說文則與周傳兩篇分見審矣大戴注引公卿之太子云云御覽學部七儀禮經傳通解學制所引竝同而王制正義與御覽皇親部兩引又各異今從御覽皇親部而他書異同附識於此

使公卿之太子大夫元士之適子十有三年始入小學見小節焉踐小義焉年二十入大學見大節焉踐大義焉故入小學知父子之道長幼之序入大學知君臣之義上下之位故爲君則君爲臣則臣爲父則父爲子則子儀禮經傳通解卷九學制第十六引多末十六字

多方

古者十稅一多於十稅一謂之大桀小桀少於十稅一

謂之大貊小貊王者十一而稅而頌聲作矣故書曰越

維有胥賦小大多政 困學紀聞卷二○又文選報孫會宗書注引王者什一而稅

臩命 案曰漢藝文志考證一大傳冏命爲臩命

鮮誓 案曰史記魯世家作肹誓索隱云大傳作鮮誓困學紀聞卷二云費誓說文作粊史記作肹大傳作鮮

獲捕獸機檻 經典釋文禮記中庸音義

甫刑 案曰漢藝文志考證一大傳以呂刑爲甫刑

有虞氏上刑赭衣不純中刑雜屨下刑墨幪以居州里

而民恥之 案曰路史後紀十一陶唐紀注引唐傳又云甫刑傳以三刑爲有虞氏者非

案曰荀子正論篇曰世俗之爲說者曰治古無肉刑而有象刑墨黥慅傛注或曰墨黥當爲墨幪但以墨

巾蒙其頭而已慅嬰注當爲澡澡纓謂澡濯其布爲纓禮記曰緦冠澡纓澡或讀爲草愼子作草纓也共艾畢注共未詳或衍字耳艾蒼白色畢與韠同紱也所以蔽前君以朱大夫素士爵韋令罪人服之故以蒼白色爲韠也菲對屨注對當爲紺紺枲也愼子作紺對或作㡣殺赭衣而不純注純音準殺所介反治古如是是不然路史後紀十二注引愼子曰有虞氏之誅也以畫跪當黥以草纓當劓以屨紺當刖以艾畢當宮布衣無領以當大辟謂之戮上世用戮而民不犯羅氏曰畫跪一作幪巾屨紺一作菲屨艾畢韠也草纓苟作慅黥墨刑也與甫刑傳之說不同布衣無領卽赭衣不純路史後紀陶唐紀謂而民恥之唐傳作而反於禮甫刑傳以三刑爲有虞氏者非又引愼子與甫刑傳之說不同是甫刑傳有有虞氏三刑之文甚明且末句唐傳作而反於禮則甫刑傳作而民恥之又明矣今據補入甫刑傳

子張曰堯舜之王一人不刑而天下治何則敎誠而愛深也以上又見路史後紀十一陶唐紀子張作子貢曰下有傳云二字今一夫而被此

五刑子龍子曰未可謂能爲書【注】一人俱罪甫侯之說刑也被此五刑喻犯數罪也孔子曰不然也五刑有此教【注】教然耳犯數罪猶以上一罪刑之太平御覽六百三十五刑法部一〇又御覽八十皇王部五引首二句

案曰荀子議兵篇古者帝堯之治天下也蓋殺一人刑二人而天下治此傳云一人不刑而天下治卽虞夏傳所謂唐虞象刑而民不犯之意也

古者中刑用鑽鑿御覽七百六十四器物部九

夏刑三千條唐律疏義卷一玉海律令引長孫無忌唐律疏

夏后氏不殺不刑死罪罰二千饌史記平準書索隱

禹之君民也罰弗及強而天下治一饌六兩【注】所出金

鐵也死罪出三百七十五斤用財少爾路史後紀十三夏后氏紀引甫刑傳　案曰饌他本作鍰非惟震澤王氏史記本不誤　案又曰鄭注三百七十五斤適合千饌六千兩之數今文經云大辟疑赦其罰千率史記索隱引大傳死罪罰二千饌二字當衍

決關梁踰城郭而略盜者其刑臏男女不以義交者其刑宮觸易君命革輿服制度奸軌盜攘傷人者注攘竊也其刑劓非事而事之注令原作今誤今改所不當爲也以上注見御覽刑法部十四出入不以道義而誦不詳之辭者其刑墨降叛寇賊劫略奪攘矯虔者其刑死周禮司刑注○又太平御覽百四十八刑

法部十四引至其刑墨止詳作辭奸軌盜攘作奸宄攘傷○案曰其刑臏諸書引作臏惟華嚴經第七十三音義卷下引傳首三句作髕音義云字從骨今依改○又尚書呂刑正義毛詩召旻正義北堂書鈔並節引

孔子曰古之刑者省之今之刑者繁之其教古者有禮然後有刑是以刑省也今也反是無禮而齊之以刑是以繁也書曰伯夷降典禮折民以刑謂有禮然後有刑也又曰茲殷罰有倫今也反是諸侯不同聽（注）聽議獄也每君異法聽無有倫是故知法難也御覽六百三十五刑法部一○又孔子集語卷下引至是以繁也止

案曰孔叢用此文諸侯不同聽聽作德其義長疑注聽議獄也四字當在傳文聽無有倫之下

子曰吳越之俗男女同川而浴其刑重而不勝由無禮

也中國之敎內外有別男女不同椸架不同巾櫛其刑重而勝由有禮也語曰夏后氏不殺不刑罰有罪而民不輕犯孔子集語卷下

子曰今之聽民者求所以殺之古之聽民者求所以生之不得其所以生之之道乃刑殺君與臣會焉孔子集語卷下

案曰孔叢用此文漢書刑法志引孔子曰今之聽獄者四句不言大傳

子曰古之聽民者察貧窮哀孤獨矜寡宥老幼不肖無告有過必赦小過勿增大罪勿纍注延罪無辜曰纍注見御覽刑法部一又刑法部十八老弱不受刑有過不受罰是故老而受刑謂之悖弱而受刑謂之暴不赦有過謂之賊率過以

小人謂之枳孔子集語卷下又御覽六百三十五刑法部一引有過至謂之賊○案曰孔叢用此文故與其殺不辜寧失有罪與其增以有罪寧失過以有赦御覽六百五十二刑法部十八

聽訟之術大略有三治必寬寬之術歸於察察之術歸於義【注】察猶審也是故聽而不寬是亂也寬而不察是慢也古之聽訟者言不越辭辭不越情是故聽民之術怒必思兼思意小罪勿兼【注】怒責也責囚之罪必思意兼謂思其辭思其義思義罪小可求以出之罪也御覽六百三十九刑法部五○案曰孔叢用此文辭不越情下有情不越義一句

子曰聽訟者雖得其情必哀矜之死者不可復生斷者

不可復續也孔子集語卷下○案曰孔叢用此文

書曰哀矜哲獄困學紀聞卷二

獄貨非可寶也然後寶之者未能行其法者也貪人之寶受人之財未有不受命以矯其上者也親下以矯其上者未有能成其功者也御覽六百四十一刑法部七

子夏曰昔者三王慤然欲錯刑遂罰注錯處也遂行也平心而應之和然後行之然且曰吾意者以不平慮之乎吾意者以不和平之乎如此者三然後行之此之謂慎罰御覽六百三十五刑法部一

孔子如衛人謂曰公甫不能聽訟注公甫魯大夫子曰

非公甫之不能聽獄也【注】答而反之公甫之聽獄也有罪者懼無罪者恥民近禮矣御覽六百三十九刑法部五非字作不知從孔子集語卷下引改集語無公甫之聽獄也六字

君子之於人也有其語也無不聽者皇於聽獄乎【注】皇猶況也必盡其辭矣聽獄者或從其情或從其辭案曰孔叢用此文

大夫有汙豬之宮殺君之地雖有美菜有義之士弗食藝文類聚八十二草部下御覽九百七十六菜部一

尚書大傳卷二

番禺陶福祥校字

尚書大傳卷三

漢伏勝撰　鄭康成注　福州陳壽祺輯校

略說

遂火爲遂皇伏羲爲戲皇神農爲農皇也遂人以火紀火太陽也陽尊故託遂皇於天伏羲以人事紀故託戲皇於人蓋天非人不因人非天不成也神農悉地力種穀疏故託農皇於地天地人之道備而三五之運興矣

風俗通皇霸第一引尚書大傳說○又太平御覽七十七皇王部二又七十八皇王部三又火部一初學記九事類賦注藝文類聚十一帝王路史因提紀並節引

案曰孫之騄本首列此條目爲三五傳無據不可從今姑入之略說爲近似

伏羲氏沒神農氏作神農氏沒黃帝堯舜氏作羅璧識遺卷一引大傳言

案曰識遺云叙三五傳次甚明

伏羲氏作八卦路史後紀卷一太昊紀上注

天立五帝以爲相四時施生法度明察春夏慶賞秋冬刑罰帝者任德設刑以則象之言其能行天道舉錯審諦也黃帝始制冠冕垂衣裳上棟下宇以避風雨禮文法度興事創業黃者光也厚也中和之色德施四季與地同功故先黃以別之也顓者專也頊者信也言其承易文之以質使天下蒙化皆貴貞慤也嚳者考也成也

言其考明法度醇美譽然若酒之芬香也堯者高也饒
也言其隆興煥炳最高明也舜者推也循也言其推行
道德案曰四字原文誤在舜者推也之上今移此循堯緒也風俗通義皇霸卷一五帝篇謹案易尚書大傳云云○又御覽七十七皇王部二載風俗通同惟無黃帝始制以下二十五字又無譽然二字饒也二字蒙化之蒙作遵末四句作舜者准也循也言其准行道以循堯緒也當從之准循與舜聲近推則遠矣今本風俗通字誤
堯八眉舜四瞳子禹其跳湯扁文王四乳八眉者如八
字者也其跳者踦也注其發聲也踦步足不能相過也
扁者枯也注言湯體半小象扁枯言皆不善也御覽三百六十三人事部四○又玉篇卷四目部初學記九帝王部路史有虞紀荀子非相篇注

案曰荀子非相篇曰禹跳湯偏堯舜參眸子楊倞注引尸子曰舜兩眸子是謂重明作事成法出言成章又引尸子曰禹之勞十年不窺其家手不爪脛不生毛偏枯之病步不相過人曰禹步呂氏春秋曰禹通水濬川顏色黎黑步不相過

多聞而齊給注齊疾也史記五帝本紀索隱○案曰此蓋尙書大傳說黃帝語乃命五史以書五帝之蠱事李鼎祚周易集解載伏曼容註引此釋云然爲訓者正以大古之時无爲无事也

成王問周公曰舜之冠何如焉周公曰古之人有冒皮而勾領者然鳳皇巢其樹麒麟聚其域也北堂書鈔冠

成王問周公曰舜何人也周公曰其政也好生而惡殺文選檄蜀文注路史後紀十二有虞紀注

舜好生惡殺鳳皇巢其樹御覽九百十五羽族部二又九百二十八羽族部十五事類賦注十八玉海百九十九

古之人衣上有冒而句領注言在德不在服也古之人三皇時也冒覆項也句領繞頸也禮正服方領也荀子哀公篇楊倞注

周公對成王云古人冒而句領注古人謂三皇時以冒覆頭句領繞頸至黃帝則有冕也禮記冠義篇目正義引略說

案曰禮記冠義疏引此文爲畧說則自北堂書鈔以下四條皆畧說文也晏子曰古者有紩衣攣領而王天下者矣淮南子曰古有鍪頭而卷領以王天下與畧說同意荀子哀公篇魯哀公問舜冠於孔子孔子不對三問不對哀公曰寡人問舜冠於子何以不言也孔子對曰古之王者有務而拘領者矣其政好生

而惡殺焉注務讀爲冒拘與勾同是以鳳在列樹麟在郊野鳥鵲之巢可俯而窺也君不問而問舜冠所以不對也荀子作哀公問孔子書傳作成王問周公傳聞異辭

舜不登而高不行而遠拱揖於天下而天下稱仁御覽八十一皇王部六又四百十九人事部六十

夏后氏主教以忠儀禮士喪禮疏引書傳畧說

周人之教以文上教以文君子其失也小人薄注文選謂尊卑之差制也習文法無悃誠也文選運命論注

案曰士喪禮疏引夏后氏主教以忠稱書傳畧說此文選注所引周人之教以文云云當相連屬中間尚有脫文及說殷人之教耳

帝命周公踐阼朱草暢生御覽八百七十三休徵部二

周公輔幼主不矜功則蓂莢生（注）矜夸也御覽八百七十三休徵部二引傳又文選鮑照詠史詩注引傳及注○又記纂淵海卷四

王者德及皇天則祥風起御覽九天部九又八百七十二休徵部二初學記一

王者德下究地之厚則朱草生御覽八百七十三休徵部二又文選魯靈光殿賦注王元長曲水詩序注非有先生論注記纂淵海卷四又開元占經竹木草藥占篇引曰德光地序則朱草生文選注同

狄人將攻太王亶甫御覽甫作父此下重亶父二字召耆老而問焉曰狄人何欲耆老對曰欲得菽粟財貨太王亶甫曰與之每與狄人至不止太王亶甫贄其耆老而問之毛詩緜正義引贄作屬○案曰桑柔正義引孟子曰太王屬其耆老書傳云贄其耆老是贄爲屬據此則緜正義作屬者誤也

今改正曰狄人又何欲乎耆老對曰又欲君土地太王亶甫曰與之耆老曰吾不爲社稷乎太王亶甫曰社稷所以爲民也不可以所爲民亡民也耆老對曰君縱不爲社稷不爲宗廟乎太王亶甫曰宗廟吾私也不可以私害民遂策杖而去踰梁山邑岐山注梁山在岐山東北注見毛詩公劉正義岐山在梁山西南注見毛詩縣正義周人奔而從之者三千乘一止而成三千戶之邑毛詩緜正義引書傳略說又御覽七百九十九四夷部二○又禮記哀公問正義毛詩豳風譜正義並引書傳畧說又毛詩桑柔天作正義節引周人禮記正義作國人

案曰毛詩緜正義引書傳又引韓奕箋云梁山在馮翊夏陽縣西北鄭於書傳注云岐山在梁山西南然

則梁山之表其東當夏陽縣西北其西當岐山東北自豳適周當踰之也

宣王問於春子曰寡人欲行孝弟之義爲之有道乎【注】宣王齊君陳敬仲之後也春子曰昔者衞聞之樂正子【注】樂正子曾子弟子也曰文王之治岐也五十者杖於家六十者杖於鄉七十者杖於朝【注】朝當爲國見君揖杖【注】揖當爲去八十者杖於朝見君揖杖【注】揖挾也君曰趣見客毋俟朝【注】不欲久停老者也古者七十致仕來者客之也以朝乘車輲輪【注】乘車安車也言輲輪明其小也 案曰此注見禮記曲禮正義引書傳略說〇案曰儀禮通解引注無言輲輪以下七字云見前乘安車注蓋通解前引曲禮載疏引書傳及注之文故此處不重載鄭注也今補 御爲僕送至

於家注御君之御也而孝弟之義達於諸侯九十杖而朝見君建杖注建樹也君曰趣見毋俟朝以朝車送之舍天子重鄉養注舍館也重猶尊也養以禮食之也卜筮巫醫御於前祝咽祝哽以食禮書引作祝饐祝鯁乘車輲輪胥與就膳徹注胥樂官也就成也胥成膳徹謂以樂食之也送至於家君如有欲問明日就其室以珍從注明日明旦而孝弟之義達於四海此文王之治岐也君如欲行孝弟之大義盍反文王之治岐儀禮經傳通解十九五學引傳注又玉海七十四末引注○九十以下至達於四海又見禮書五十篇首見困學紀聞卷五

案曰禮記曲禮正義引書傳畧說致仕者以朝乘車輲輪在此篇呂氏春秋春居問於齊宣王王餅之舍

居王氏困學紀聞以爲卽大傳所謂春子家語言養老事則孔子之問哀公疑王肅剽書傳而爲之

大夫士七十而致仕老於鄉里大夫爲父師士爲少師注所謂里庶尹也古者仕焉而已者歸教於閭里耰鉏已藏祈樂已入注祈樂當爲新穀歲事已畢餘子皆入學注餘子猶衆子也古者適子恆代父而仕也十五始入小學見小節踐小義十八入大學見大節踐大義焉注小節小義正謂始□典□師受業大節大義謂博習盡識也距冬至四十五日始出學傳農事注立春學止上老平明坐於右塾庶老坐於左塾餘子畢出然後皆歸夕亦如之注上老父師也庶老少師也餘子皆入父

之齒隨行兄之齒鴈行朋友不相踰輕任并重任分頒白者不提攜出入皆如之儀禮通解卷九學制第十六引傳全又禮書四十九引傳全○又儀禮鄉飲酒疏禮記曲禮王制正義並節引稱書傳略說○又尚書洛誥正義禮記學記正義藝文類聚三十八禮部御覽五百三十四禮儀部十三並節引類聚御覽已畢並作欲畢又見文獻通考玉海困學紀聞卷八

案曰門塾之學漢書食貨志白虎通公羊傳宣十年注禮記學記注皆有此說蓋本書傳尚書洛誥正義引書傳此文而釋之曰是教農人以義也以爲于其明農哉之證然則畧說亦是申解洛誥此句經文耳

傳曰已有三牲必田狩者孝子之意以爲已之所養不如天地自然之牲逸豫肥美禽獸多則傷五穀因習兵事又不空設故因以捕禽獸所以共承宗廟示不忘武

衛又因以爲田除害鮮者何也秋取嘗也【注】取禽嘗祭秋取嘗何以也習鬥也習鬥也者男子之事也然而戰鬥不可空習故於蒐狩閑之也閑之者貫之也貫之者習之也已祭取餘獲陳於澤【注】澤射宮也然後卿大夫相與射命中者雖不中也取命不中者雖中也不取何以也所以貴揖讓之取而賤勇力之取也鄉之取也於囿中勇力之取也於澤揖讓之取也儀禮集傳集解卷三十六王制之王引傳注○又儀禮鄉射記注引戰鬥以下至末何以也作然又毛詩六月正義周禮大司馬囿人疏禮記郊特牲射射義正義玉海射並節引

案曰此條諸書所引不言何篇盧氏本入之畧說無所據觀傳文專釋鮮字爲秋取嘗疑是鮮誓之傳未

敢斷也

天子太子年十八曰孟侯注孟迎也注惟見毛詩豳譜正義孟侯者於四方諸侯來朝迎於郊者問其所不知也問之人民之所好惡土地所生美珍怪異山川之所有無及父在時皆知之注十八謂入太學爲成人博問庶事也太平御覽百四十六皇親部十二引全惟傳首無天子二字注無孟迎也三字毛詩豳風譜正義節引作書傳略說有天子二字○又尚書康誥正義毛詩采菽正義儀禮覲禮疏禮記月令正義周禮大行人疏藝文類聚十六儲宮部

古者帝王躬率有司百執事而以正月朝迎日於東郊以爲萬物先而尊事天也祀上帝於南郊所以報天德

迎日之辭曰維某年月上日明光於上下勤施於四方旁作穆穆維予一人某敬拜迎日東郊迎日謂春分迎日也堯典曰寅賓出日此之謂也儀禮通解續二十二天神○又禮記玉藻正義引祀上帝於南郊即春迎日於東郊作書傳略說○又毛詩噫嘻正義禮記郊特牲正義宋書禮志玉海

王者存二王之後與已爲三所以通三統立三正周人以至日爲正殷人以日至後三十日爲正夏人以日至後六十日爲正天有三統土有三王三王者所以統天下也注所存二王後者命使郊天以天子禮祭其始祖受命之王自行其正朔服色此謂通天三統尚書微子之命正義引傳注○案日末句三統或作之統案毛詩生民正義云王者存先代所以通天三統此用書傳及鄭注作通

天三統是也案曰漢書成帝紀十綏和元年詔曰蓋聞王者必存二王之後所以通三統也本此

天有三統物有三變故正色有三天有三生三死故土有一王王特一生死禮記檀弓上正義引書傳略說

周以至動殷以萌夏以牙注謂三王之正也至動冬日至物始動也物有三變故正色有三天有三生三死故土有三王王特一生死是故周人以日至爲正殷人以日至三十日爲正夏以日至六十日爲正是故三統三正若循連環周則又始窮則反本公羊傳隱元年疏引書傳略說

夏以孟春爲正殷以季冬爲正周以仲冬爲正夏以十

三月爲正色尚黑以平旦爲朔殷以十二月爲正色尚白以雞鳴爲朔周以十一月爲正色尚赤以夜半爲朔不以二月後爲正者萬物不齊莫適所統故必以三微之月也三正之相承若順連環也白虎通三正篇又御覽二十九時序部十四引同惟二月作二三月所統作所立末句無順字〇又御覽二十六時序部十一初學記歲時下夏以十三月爲正色尚黑以平旦爲朔殷以十二月爲正色尚白以雞鳴爲朔周以十一月爲正色尚赤以夜半爲朔必以三微之月爲正者當爾之時物皆尚微王者受命當扶微理得章成之義也後漢書章帝紀注又通典賓禮一引末云必用三微之月爲正時物尚微以明王者受命扶微章成此正使其道重大正始也

案日書傳說正朔二字最晰

周以至動殷以萌夏以牙注謂三王之政也至動冬至日物始動也物有三變故正色有三天有三生三死注異時生者恆異時死是故周人以日至爲正殷人以日至三十日爲正夏以日至六十日爲正天有三統土有三王注統本也三統者所以序生也三正者所以統天下也三統若循連環周則又始窮則反本也夏以孟春爲正者貴形也御覽二十九時序部十四○又文選西征賦游仙詩臨終詩廣絕交論等注並引三王之統若循連環云云

三王之治若循環之無端如水之勝火御覽七十六皇王部一

王者一質一文據天地之道白虎通三正篇正色三而復者也文選皇太子宴元圃賦詩注

諸侯有德者一命以車服弓矢再命以虎賁三百人三命秬鬯諸侯三命者皆受天子之樂以祀其宗廟儀禮通解續宗廟樂舞又路史後紀十一陶唐紀引至以祀其宗廟止作略說

案曰此與虞夏傳所言不同

晉平公問師曠曰吾年七十欲學恐已暮師曠曰臣聞老而學者如執燭之明執燭之明孰與昧行公曰善藝文類聚八十火部

高郵王侍郎伯申曰執燭之執當爲埶埶古爇字說苑建本篇作炳燭炳乃焫之譌焫與爇同

案曰自此以下七條諸書所引大傳
未稱畧說今以意定之宜入此篇

子曰心之精神是謂聖孔子集語卷下又繹史八十六

案曰孫之騄本入五行傳茲以爲
思心曰容容作聖之訓也似近之

子曰君子不可以不學見人不可以不飾不飾無貌無貌不敬不敬無禮無禮不立夫遠而光者飾也近而逾明者學也譬之圩邪水潦集焉菅蒲生焉從上觀之誰知非源水也孔子集語卷下

案曰大戴禮勸學篇與此大同

子張曰仁者何樂於山也孔子曰夫山者嵬然高嵬然高則何樂焉夫山草木生焉鳥獸蕃焉財用殖焉生財

用而無私爲焉四方皆代焉每無私予焉出雲風以通乎天地之間陰陽和合雨露之澤萬物以成百姓以饗此仁者之所以樂於山者也太平御覽四百十九人事部六十○又三十八地部三崑然作嵬嵬然無崑然高以下八字鳥作禽財用作材木風作雨無生財以下八字又無代焉每二字○又文選頭陀寺碑文注引夫山至無私與焉

案曰孔叢引此文代作伐

子貢曰葉公問政於夫子子曰政在附近而來遠魯哀公問政子曰政在於論臣齊景公問政子曰政在於節用三君問政夫子應之不同然則政有異乎子曰荆之地廣而都狹民有離志焉故曰在於附近而來遠哀公

有臣三人内比周以惑其君外障距諸侯賓客以蔽其明故曰政在論臣齊景公奢於臺榭淫於苑囿五官之樂不解一旦而賜人百乘之家者三故曰政在節用孔子集語卷下

案曰韓非子難三家語辯政說苑政理篇與此大同漢書武帝紀元朔六年詔益孔子對定公以徠遠哀公以論臣景公以節用非期不同所急異也臣瓚注曰論語及韓子皆言葉公問政於孔子孔子答以悅近來遠今云定公與二書異

東郭子思問於子貢曰夫子之門何其雜也子貢曰夫檃括之旁多枉木良醫之門多疾人砥礪之旁多頑鈍夫子聞之曰修道以俟天下來者不止是以雜也孔子集語

卷下又繹史九十五

案曰說苑雜言篇與此同惟子思之思作惠荀子法行篇與此小異東郭子惠作南郭惠子劉恕外紀卷九載東郭子惠問於子貢云云不著所徵然與說苑異與書傳同則書傳之文也思當爲惠

子夏讀書畢見夫子夫子問焉子何爲於書對曰書之論事也昭昭若日月之明離離若參辰之錯行上有堯舜之道下有三王之義商所受於夫子者志之弗敢忘也雖退而窮居河濟之間深山之中壞室編蓬爲戶於中彈琴詠先王之道則可發憤慷慨矣藝文類聚六十四居處部四〇

又五十五雜文部一又草部下文選蘇子卿古詩注左太沖招隱詩注非有先生論注節引御覽百卅四

子夏讀書畢孔子問曰吾子何爲於書子夏曰書之論

事昭昭若日月焉所受於夫子者弗敢忘退而窮居河濟之間深山之中壞室蓬戶彈琴瑟以歌先王之風有人亦樂之無人亦樂之上見堯舜之道下見三王之義可以忘死生矣孔子愀然變容曰嘻子殆可與言書矣雖然見其表未見其裏闚其門未入其中顏回曰何謂也孔子曰臣常悉心盡志以入其中則前有高岸後有大谿填填正立而已六誓可以觀義五誥可以觀仁甫刑可以觀誠洪範可以觀度禹貢可以觀事皋陶謨可以觀治堯典可以觀美外紀卷九○又文選夏侯常侍誄注引子見其表未見其裏御覽四百十九人事部六十困學紀聞卷二小學紺珠卷四並引六誓以下

案曰外紀引子夏讀書畢一條未舉所徵然文選注御覽困學紀聞分引數條並與此合是爲書傳文無疑薛季宣書古文訓序亦有此文未有通斯七者書之大義舉矣二句亦不稱所出而末敘七觀云岩故帝典可以觀美大禹謨禹貢可以觀事皋陶謨益稷可以觀政洪範可以觀度六誓可以觀義五誥可以觀仁甫刑可以觀戒其序次與孔叢子同與御覽困學紀聞所引大傳七觀異則非書大傳之文明矣孔叢言大禹謨益稷者蓋作僞者羼入而不知眞古文與今文皆無大禹謨其益稷一篇則統於皋陶謨中也又韓詩外傳說此事以爲子夏讀詩

子曰參女以爲明主爲勞乎昔者舜左禹而右皋陶不下席而天下治 孔子集語卷下

案曰此與大戴禮王言篇同末二句又與說苑卷一君道篇同

諸書所引有未審何篇無所附者今雜綴於此

伊尹母方孕行汲化爲枯桑其夫尋至水濱見桑穴中有兒乃收養之錦繡萬花谷前集卷十引尙書大傳

民擊壤而歌鑿井而飲畊田而食帝力何有禮記經解正義引尙書傳

周人以仁接民而天下莫不仁故曰大矣注言文王仁故謂之大矣太平御覽四百十九人事部六十

文王施政而物皆聽文選褚淵碑文注沈休文奏彈王源注

周人可比屋而封文選七命注四子講德論勸進今上箋奏彈王源等注

成王削桐葉爲珪以封唐叔禮記大傳正義

公爵劉名也毛詩音義

周公思兼三王之道以施於春秋冬夏困學紀聞卷八

戰者憚警之也白虎通誅伐篇藝文類聚五十九武部又御覽三百四兵部三十五又三百八兵部三十九警並作驚

王者躬耕所以供粢盛文選藉田賦注

煙氛郊社不修山川不祝風雨不時霜雪不降責於天公臣多弑主孽多殺宗五品不訓責於人公城郭不繕溝池不修水泉不隆水爲民害責於地公論衡卷十五順鼓篇○又丹鉛總錄卷二十六瑣語類引小異

案日韓詩外傳卷十八亦說天公人公地公此與夏傳天子三公又爲一義

季夏可以大赦罪人北堂書鈔夏

衣錦尙蘏詩考異字異義困學紀聞卷三注蘏讀爲絅或爲絺困學紀聞卷三

剀切毛詩雨無正正義

矜寡孤獨天民之窮而無告者皆有常餼毛詩大田正義

外無曠夫內無怨女毛詩雄雉序正義○正義云書傳曠夫謂未有室家者

老而無妻謂之鰥老而無夫謂之寡幼而無父謂之孤老而無子謂之獨行而無資謂之乏居而無食謂之困此皆天下之至悲哀而無告者故聖人在上君子在位能者任職必先施此無使失職御覽四百七十七人事部百十八○又毛詩何草不黃正義周禮遺人廩人疏節引

火發於密水泄於深記纂淵海卷一水火引尙書大傳萬卷菁華前集

案曰韓昌黎外集擇言解有火洩於密水發於深二語蓋本書大傳

凡宗廟有先王之主曰都無曰邑唐釋湛然止觀輔行傳宏決卷第四之三注引尙書大傳

案曰傳文宗廟二字似有誤

子夏葉拱而進困學紀聞卷二

案曰葉拱二字亦見家語辨樂解

魏文侯問子夏子夏乃遷延而退文選難蜀父老注

髴髴周成王時州靡國獻之爾雅釋獸疏

案曰山海經海內南經梟陽國髴髴注引周書成王時云云是逸周書王會解文也爾雅疏明引大傳未審當在何篇抑或邢叔明記憶之誤與

注 灌是獻尸尸得獻乃祭酒以灌地也皇侃論語義疏八佾篇

尚書大傳卷三

番禺陶福祥校字

尚書大傳陳恭甫編修輯校之本最爲詳覈其序云三卷而刻本則五卷又每卷内刻板多不連屬案語之字大小高下亦不畫一皆刻板之誤耳今併爲三卷繕寫整齊而重刻之其他皆不移改其序錄一卷辨譌一卷今併刻之辨譌即其序所謂訂誤也序又云未載漢書五行志綴以它書所引劉氏五行傳論三卷其刻本無之蓋當時未付刻然此因大傳而連及之今刻經部書固不必有此耳陳澧附記

番禺陶福祥校字

尙書大傳辨譌

福州陳壽祺撰

尙書大傳南宋時已多佚脫今坊間盛行盧氏雅雨堂本譌漏不可勝舉如納之大麓之野烈風雷雨不迷致之以昭華之玉乃尙書逸篇文見水經濁漳水注而誤入唐傳厥兆天子爵乃尙書逸篇文見白虎通爵篇而誤入册逸傳太平御覽兵部三十五引白虎通曰戰者何謂也尙書大傳曰戰者憚驚之也又曰諸侯之義非天子之命不得動衆起伐殺不義者所以强榦弱枝尊天子卑諸侯也又曰以下仍是白虎通文見今本誅伐

篇而誤入鮮誓傳困學紀聞云費誓說文作粊史記作
肹大傳作鮮度作刑以誥四方周禮注云度作詳刑案
此大傳作鮮四字斷句度作刑以下又一事而誤連鮮
度作刑以誥四方爲句入甫刑傳學禮帝入東學至化
輯于下矣一段乃大戴禮保傅篇文注亦盧辨注而誤
連宣王問於春子條入略說補遺所採亦多誤毛詩生
民正義偁上傳云下傳云皆謂毛傳又引五帝傳云堯
見天因郃而生后稷因之案此乃卽有郃家室句毛傳
文疏五帝二字有譌而誤仍爲大傳文選應休璉與從
弟君苗君胄書注引尙書大傳曰扶寸而合不崇朝而

爾天下鄭玄曰四指爲扶下云扶音膚此三字乃李善語而誤并爲鄭注毛詩文王正義書傳之美太公言其翼佐文武身有殊勛世祚太公以表東海案正義所稱書傳似泛舉傳記非謂伏生大傳盧學士文弨續補遺載神農始治農功一條二十二字出楊泉物理論容成作麻一條出世本並見藝文類聚卷五歲時部下及御覽卷十六日者陽德之母一條十八字月羣陰之宗一條十五字並出皇甫謐年麻見藝文類聚卷一天部御覽天四湛濁爲地至故地者濁陰也一條三句首句出神農書下二句出黃帝素問並見類聚卷六地部分引

河色黃赤一條二十五字出物理論見類聚卷八水部上及御覽六十一往古之時至女媧殺黑龍以祭冀州一條二十一字出淮南子下引鄭注云冀州取地以爲名也云云三十一字乃釋名文竝見類聚卷六州部連引堯南撫交阯一條見水經三十七淹水注惟首五字是大傳文其下于禹貢荊州之南云云十五字乃酈道元語涓盤之水出崦嵫山一條出禹大傳此別一古書見楚詞章句五年一朝一條見公羊傳桓元年注惟首四字疏云虞傳文其下王者亦貴得天下之歡心云云三十五字乃何休語文王受命四年伐昆夷一條見詩

大雅譜正義惟首九字是大傳文下云采薇爲伐昆夷而作乃孔穎達語成王之幼在襁褓一條見詩斯干正義下云襁褓縛兒被也五字亦穎達語綴之以食而弗殊有族食族燕之禮也一條見毛詩角弓正義上句引禮記大傳下句則穎達語武王伐紂都洛邑未成陰寒大雪一條九十八字出金匱見類聚卷二雪部凡羣妃御見之法一條自首至望後反之七十八字乃周禮九嬪注文自凡進御君所至既御著于右手四十八字乃詩邶風靜女毛傳文自孔子曰日者天之明至使婦從夫放月紀二十九字亦周禮九嬪注文正義以爲出孝

經援神契黃帝妃嫫母一條二十二字乃列女傳文引見類聚十五后妃部夏刑二百一條十八字乃周禮司刑注文而盧氏一切羼入大傳孔廣林本据初學記帝王部增夢眉與髮等五字而初學記無此文乃見北堂書鈔引帝王世紀又引周文王至磻溪云云亦据初學記漁部然此乃尚書中候文初學記誤爲大傳又如舜讓于德不怡惟刑之謐哉予欲聞五聲六律八音采政忽禺鐵縈播旣都被明都予辛壬娶塗山癸甲生啓有火自上復于下至于王屋流爲烏其色赤其聲魄上刑挾輕下刑挾重天齊乎人假我一日以上雖系今文尚

書然不宜與傳相亂其采女則有逸罰句本爾雅注恐是引般庚或粜誓之文而小有誤今竟依邢氏斷爲今文采粜誓曰敜乃擭斂乃阱引見周禮注下句亦引見說文攴部眞古文也今竟依賈疏斷爲今文皆不足據其篇次之亂者如古者處師一條雜記正義引作洛誥傳五嶽視三公一條王制正義引作夏傳此本竝入咎繇謨天子三公一條据考工記序工正義引鄭夏傳注云云又古者天子三公一條通解王制之戉引注云此夏時之官是兩文竝在夏傳中而此本一入堯典傳一入大誓傳周以至動一條檀弓正義公羊傳隱元年疏

竝云略說文而此本入粊誓傳古之帝王必有大學小學一條王制正義引作周傳天子諸侯必有公桑蠶室一條毛詩瞻卬正義引作夏傳祭之爲言察也一條御覽五百二十四引作周傳此本皆誤入略說又說命傳似當爲冊逸傳冊逸其在高宗乃或諒陰三年不言武成傳似當爲牧誓傳今文牧誓載史記微子之命似當爲微子麥秀之歌當在行遯時作歸禾似當爲嘉禾大傳之序有嘉禾至所載鄭氏大傳注如下刑墨幪注幪音蒙三字乃文選求賢良詔注及七命注之文八伯注八伯者據畿外八州畿內不置伯鄉遂之吏主之十九字乃鄭志答張逸問之文舞株離注詩云彼黍

鬻離十八字乃周禮鞮鞻氏正義文經魚魚刀注鯁字夾
注渠成切三字乃玉海王會解注後王伯厚諳高宗梁
闇注闇讀如鶴鶴謂盧也八字乃禮記鄭注文決關梁
踰城郭而略盜者其刑臏一條注此二千五百罪之目
略也至閉于宮中三十九字乃周禮司刑注文師乃鼓
鼓譟注音符二字乃周禮大司馬釋文語盧學士考異
在旋機玉衡條載別本有鄭注云轉運者為機持正者
為衡案此乃鄭尚書注文見文選李蕭遠運命論注白
魚入于舟中條載別本有鄭注云燔魚以祭變禮也亦
鄭尚書注文見後漢書杜篤傳注四年嘗侯衛條載別

本有鄭注云建侯衛㠯封衛侯云云五十四字乃毛詩豳風譜正義文遂踐奄條載詩正義引此云多方傳鄭有注云奄國在淮夷之旁云云三十字案破斧正義引書傳三年伐奄下引多方云云注云云乃孔穎達引尚書及鄭君尚書注之文凡此皆舛繆之甚不可不亟正者也

泉城文庫

傳世典籍叢書

尚書大傳
儀禮鄭注句讀（上中下）
漱玉詞　漱玉集
稼軒詞疏證（上中下）
靈岩志（上下）
趵突泉志
齊乘（上下）
濟南金石志（上中下）